NOTICE HISTORIQUE

SUR LES

ÉTABLISSEMENS FRANÇAIS

DES

COTES OCCIDENTALES D'AFRIQUE.

NOTICE HISTORIQUE

SUR LES

ÉTABLISSEMENS FRANÇAIS

DES

CÔTES OCCIDENTALES D'AFRIQUE,

PAR

M. ÉDOUARD BARTHÉLEMY.

PARIS

ARTHUS BERTRAND, ÉDITEUR,

LIBRAIRE DE LA SOCIÉTÉ DE GÉOGRAPHIE,

Rue Hautefeuille, 23.

—

1848.

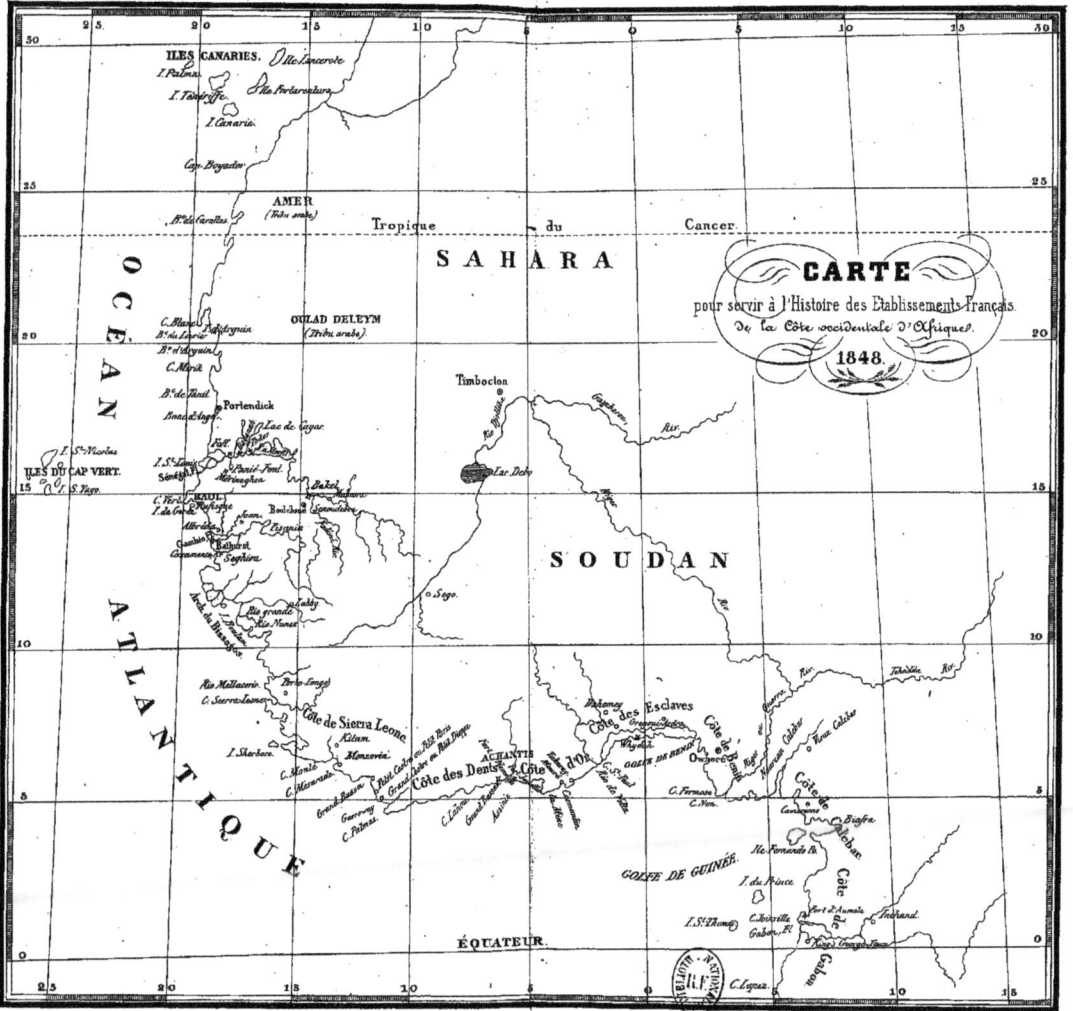

CARTE
pour servir à l'Histoire des Etablissements Français
de la Côte occidentale d'Afrique.
1848.

ILES CANARIES.
I. Palma
I. Ténériffe
Ilᵉ Lancerote
Ilᵉ Forteventura
I. Canarie
Cap-Boyador

OCÉAN

ATLANTIQUE

AMER
(Tribu arabe)

Tropique du Cancer

SAHARA

C. Blanc
Bⁱᵉ du Levrie
Bⁱᵉ d'Arguin
C. Mirik
Bⁱᵉ de Tanit
Portendick

OULAD DELEYM
(Tribu arabe).

Timboctou

Rº Dyalia
Lac Débo

SOUDAN

ILES DU CAP VERT.
I. Stᵉ Nicolas
Iᵉ S. Fago

Lac de Cayar
Sénégal
Saint-Louis

Bakel
Sego

Bathurst

Rio grande
Rio Nunes

Rio Mallacorie
C. Sierra Leone

Côte de Sierra Leone
Monrovia

Achte de Bissaos

GOLFE DE GUINÉE

ACHANTIS
Côte des Dents
Côte d'Or
Côte des Esclaves
Dahomey
Whydah
GOLFE DE BENIN

C. Formose
C. Vert
Ilᵉ Fernando Po
Biafra

Côte de Gabon

I. Stᵉ Thomas
I. du Prince
C. Lopez

ÉQUATEUR

Lith. Arbouin à Troyes.

Depuis long-temps nous désirions faire connaître les différentes phases heureuses ou malheureuses que notre colonie du Sénégal a dû traverser, phases généralement peu connues du public et dignes cependant d'intérêt. La Sénégambie en effet, la première colonie fondée par la France, est pleine de vieux souvenirs, et les discussions soulevées tout récemment entre les géographes pour décider à qui revenait des Français ou des Portugais l'honneur du premier établissement, question résolue tout à l'avantage de nos anciens navigateurs normands, a jeté sur ces pays une lumière nouvelle. On peut maintenant remonter sûrement à des temps éloignés, on peut suivre pas à pas les découvertes géographiques dans ces parages lointains, on peut enfin admirer là, plus que partout ailleurs, la persévérance des Européens à conquérir de nouvelles terres et à former de nouveaux établissements, malgré la distance des lieux et les dangers auxquels expose la rigueur du climat.

L'extension donnée depuis trois ans au commerce français sur les côtes occidentales d'Afrique, la récente création de comptoirs fortifiés sur le golfe de Guinée et surtout l'activité incessante des gouvernements français et anglais pour empêcher l'odieux trafic de la traite des nègres attirent l'attention sur ces contrées et nous fournissent une heureuse occasion de publier cette notice.

Nous n'avons travaillé que sur des documents officiels ou dont la véracité ne peut être mise en doute. Pour la statistique, grâce à l'extrême obligeance de M. le directeur des colonies, nous avons pu trouver aisément toutes les indications qui nous étaient utiles, dans les nombreux documents qu'il a fait mettre à notre disposition.

ÉD. BARTHÉLEMY.

Courmelois, le 16 mai 1848.

SÉNÉGAMBIE.

I.

HISTOIRE DE LA COLONIE.

Les Français ont occupé les rives du Sénégal dès 1364 ; mais alors leurs établissements n'étaient que des loges et comptoirs commerciaux où se trafiquaient la poudre d'or et l'ivoire [1]. « Il y a des apparences très-bien fondées, dit Labat, « dans sa relation des côtes occidentales d'Afrique, que les « Normands, et particulièrement les Dieppois, auraient re- « connu, fréquenté et visité les côtes d'Afrique dès le com- « mencement du XIVᵉ siècle, puisqu'on sait positivement et « d'une manière à n'en pouvoir douter, que leur commerce « était établi à Rufisque et le long de la côte et bien au-delà « de la rivière de Serre-Lionne, dès le mois de novembre

[1] Nous ne voulons pas ici entreprendre de discuter à qui revient l'honneur de la découverte de ces côtes, des marins dieppois ou des marins portugais ; les ouvrages de MM. d'Avezac et Estancelin, de Santarem et Valckenaër, nous paraissent avoir tranché la question et ne plus permettre de douter de l'antériorité de nos navigateurs normands.

« 1364 [1]. » Et la preuve, citée par Labat à l'appui de son assertion, est que les marchands de Rouen s'associèrent aux matelots dieppois pour exploiter en commun le commerce d'Afrique. L'incendie de Dieppe (1694) brûla les archives où était conservé cet acte de société ; mais, selon Labat, un avocat de la ville en possédait une copie : n'ayant pu malheureusement se rappeler le nom de cet avocat, il le laisse en blanc dans son ouvrage, et donne ainsi le champ libre à ses contradicteurs [2].

L'association normande étendit son commerce jusque sur les côtes de Guinée, et aurait pu procurer de grandes richesses à la France, si celle-ci, moins occupée de la guerre, avait voulu jeter les yeux sur l'état de son commerce. Néanmoins, la Compagnie prospéra jusqu'à la fin du XIVe siècle ; mais à cette époque, les hostilités entre la France et l'Angleterre ayant repris avec une nouvelle vigueur et ayant pour principal

[1] Relation des Côtes occidentales d'Afrique, par le P. Labat, tom., I, pag. 7.

[2] Mais une preuve décisive de la priorité des navigations et des colonies dieppoises en Guinée, sur celles des Portugais, est cette phrase du savant père Fournier : « Avant que les Portugais nous eussent enlevé le château de la « Mine, toute la Guinée était remplie de nos colonies qui portaient les noms « des villes dont elles étaient sorties. » (Hydrographie, page 202.)

M. de Santarem, dans l'ouvrage qu'il a publié pour attribuer l'antériorité aux Portugais, donne, comme preuve de la fausseté des navigations des Normands, que pas un auteur, avant Villaut de Bellefont (1668), n'a pensé à en parler. « Georges Fournier, dit-il, dans son grand ouvrage sur « l'hydrographie, publié en 1643, ne dit pas un mot des prétendues tradi« tions touchant les Dieppois, bien qu'il fût normand (page 51). » On voit que M. de Santarem s'est trompé, et qu'il a fourni en même temps des armes contre lui ; appuyant son opinion sur celle qu'il prête au P. Fournier, il doit nous permettre d'appuyer la nôtre sur celle que l'on trouve réellement dans l'hydographie.

théâtre la Normandie, quelques-uns des membres de la société furent ruinés, et bientôt ceux qui restaient, devenus riches, dédaignèrent le commerce pour acheter des anoblissements ; dès-lors, les affaires de la Compagnie déclinèrent ; on abandonna peu à peu les comptoirs, d'autres nous furent enlevés par les Portugais ; de sorte qu'à la fin du XVIe siècle les Normands n'occupaient plus que le comptoir du Niger, nommé depuis île Saint-Louis : cette position fut préférée par la Compagnie à toutes celles du golfe de Guinée, à cause de la facilité avec laquelle on pouvait la défendre contre l'ennemi.

Pendant ce temps, les Portugais reconnaissaient ces côtes, et comme aucun historien n'avait élevé la voix pour célébrer les voyages des Normands, Denys Fernandès se déclara le découvreur du Sénégal et du cap Vert (1446) ; avant lui et dès 1432, Gil Eanez avait, selon la chronique de Lisbonne, le premier approché du cap Bojador, qu'il doubla l'année suivante ; c'est en 1455 que ces contrées furent visitées par le vénitien Cà-dà-mosto, le premier qui laissa une relation de ce qu'il avait vu. Ce ne fut qu'en 1626 que les Français parurent *authentiquement* établis sur les rives du Sénégal. La Compagnie de Rouen administra seule encore la colonie jusqu'en 1664, époque à laquelle elle dut vendre ses établissements à la Compagnie des Indes occidentales, créée par un édit du mois de mai de la même année [1]. Cette association obtint pour quarante ans le privilége exclusif du commerce depuis le cap Vert jusqu'au cap de Bonne-Espérance. Mais elle ne sut pas profiter des magnifiques avantages qui lui étaient donnés et

[1] Cette vente se fit le 18 novembre 1664, pour la somme de 150,000 livres tournois.

qu'elle n'avait qu'à utiliser ; elle fut comme enivrée par les énormes bénéfices du commerce des nègres, cette honteuse spéculation des blancs qui ne rougissaient pas de traiter leurs semblables comme une vile marchandise ; elle négligea tout le reste, et, au lieu d'employer ces noirs à l'exploitation du sol, ce qui lui était facile, elle préféra les transporter aux îles de l'Amérique. Enhardie par le succès de ses premières entreprises, la Compagnie se lança dans des spéculations douteuses et fut bientôt ruinée ; un arrêt du conseil du roi la força de vendre ses établissements pour une somme bien inférieure au prix d'achat (9 avril 1672). « Cette vente fut faite par contrat « du 8 novembre 1673, au prix de 75,000 livres tournois et « d'un marc d'or de redevance annuelle (ou la valeur en am- « bre gris) pendant 30 années, à une compagnie spéciale « qui entra immédiatement en possession des domaines con- « cédés, mais n'obtint de lettres-patentes du roi qu'au mois « de juin 1679. Ces lettres-patentes lui conféraient le nom de « Compagnie du Sénégal, et le privilége de négocier exclusi- « vement au Sénégal, dans la rivière de Gambie et autres « lieux de la côte d'Afrique, depuis le cap Vert jusqu'au cap « de Bonne-Espérance [1]. »

Cette compagnie se maintint dans un état assez prospère tant que dura la paix ; mais la guerre de 1671, entre la France et la Hollande, vint tout compromettre. En se rendant aux Antilles avec sa flotte, l'amiral d'Estrées enleva les comptoirs hollandais de Gorée, de Rufisque, de Portudal et de Joal (1677) ; l'année suivante, M. du Casse, lieutenant-général

---

[1] *Notions statistiques sur les colonies françaises* imprimées par ordre de M. l'amiral baron Duperré, — IIIe partie, page 145.

des armées navales, s'empara du fort d'Arguin ; enfin, la Compagnie conclut avec les chefs de Joal, de Rufisque et de Portudal, un traité par lequel ceux-ci lui cédaient en toute propriété la côte comprise entre le cap vert et la Gambie, c'est-à-dire une étendue de 30 lieues de longueur sur 6 de profondeur dans les terres, pour en jouir seule, à l'exclusion de tous les étrangers, et sans payer aucuns droits ni coutumes. Le traité de Nimègue assura à la France la possession des comptoirs enlevés par l'amiral d'Estrées. Épuisée par ces brillants avantages, la Compagnie dut vendre son privilége à la seconde Compagnie du Sénégal, pour 1,010,015 livres tournois (2 juillet 1681) ; mais le gouvernement, mécontent de la mauvaise administration de ces sociétés, restreignit le privilége *à la côte d'Afrique, depuis le cap Blanc jusqu'à la Gambie* seulement ; le surplus de la concession précédente fut accordé à la Compagnie de Guinée.

Un démembrement aussi considérable et qui privait la Compagnie du Sénégal des points où l'on pouvait avec le plus d'avantages faire la traite des nègres, la révocation de l'édit de Nantes, qui entraîna le bannissement des plus riches membres de l'association, et enfin les charges de la guerre, jetèrent la Compagnie dans une situation si critique, qu'après douze ans de gestion, il lui fallut vendre ses établissements à M. d'Apougny, l'un de ses directeurs, pour 300,000 livres tournois (1694) [1]. La nouvelle société qui prit le nom de Compagnie du Sénégal, cap Nord et côtes d'Afrique, obtint, en 1696, qu'aux dix-huit années d'exploi-

[1] Cassée par arrêts du 28 août 1692 et du 28 avril 1694, la Compagnie ne vendit cependant que le 13 novembre 1694.

tation qui lui restaient d'après l'ancien privilége, on en ajoutât douze autres [1]. Trois ans après, vint à Saint-Louis, comme directeur-général et gouverneur, M. Bruë, qu'on peut appeler le régénérateur du Sénégal (1697); car peut-être sans lui jamais la colonie n'aurait acquis le degré d'importance où elle est parvenue. La Compagnie de M. d'Apougny, criblée de dettes et accablée de procès, vendit son privilége pour 240,000 livres (1709). Celle qui lui succéda conserva M. Bruë. Grâce à la prudence et à la fermeté de ce gouverneur, la société put, non-seulement réaliser des bénéfices considérables, mais, en outre, former de nouveaux comptoirs et augmenter l'importance de celui de Galam, dont les fortifications commandaient au Haut-Sénégal, et dont la création remontait à 1698. M. Bruë conclut des traités avec le damel du Cayor et les rois de Sin et de Salum; il quitta la colonie en 1710, lors de la vente de M. d'Apougny, pour se mettre à la tête de la nouvelle Compagnie; mais la mort de ses deux successeurs, arrivée coup sur coup, le força de revenir à Saint-Louis (avril 1714). Ayant trouvé une occasion avantageuse pour sa Compagnie, il lui fit vendre son privilége à la Compagnie des Indes pour 1,600,000 livres tournois (15 décembre 1718). La nouvelle société obtint du roi un édit qui, après la dissolution de la Compagnie de

---

[1] Les lettres-patentes commençaient ainsi : — « Comme le commerce « qui se fait au Sénégal et sur la côte d'Afrique est un des plus considé « rables, tant par le trafic des cuirs, gommes, cire, morfil, poudre et ma « tière d'or et autres marchandises fines, que par les nègres qu'on porte « aux îles d'Amérique; si nécessaires pour la culture du sucre, tabac, « coton, indigo et autres denrées qui sont apportées de ces pays en « France, et dont nos sujets tirent de si grands avantages, nous avons « résolu de maintenir ce commerce si avantageux et si utile au bien de « notre État, etc. »

Guinée, lui accordait le privilége du commerce jusqu'au cap de Bonne-Espérance (juillet 1720). M. Bruë quitta la direction générale le 14 juin 1720. Durant son long séjour dans la colonie, il s'était appliqué à comprendre ses besoins et à se pénétrer de ses avantages : quatre voyages qu'il fit en 1697, 1699, 1700 et 1715, les lui firent parfaitement connaître. Les deux premiers voyages furent entrepris sur le Sénégal, et eurent pour but l'exploration complète de ce fleuve jusqu'au fort Saint-Joseph, et la conclusion de divers traités avec les chefs du Galam; dans le troisième, M. Bruë visita Cachao, la Casamance, Bissao, où il établit un comptoir, malgré les efforts des Portugais, et enfin Rufisque, où ayant été trouver le damel pour ratifier un traité, celui-ci le retint prisonnier quelque temps; on parla d'abord de lui trancher la tête; mais enfin, il put se racheter par une forte rançon. Une longue guerre suivit cette trahison. Le dernier voyage fut encore entrepris sur le Sénégal, mais se termina à l'Escale du désert, où M. Bruë voulut se rendre pour présider le marché des gommes et établir, de concert avec les chefs Maures, un règlement de ce commerce. En 1716, il fit explorer en détail par le facteur Compagnon, le Bambouk et ses mines d'or, et proposa ensuite à la Compagnie un projet gigantesque qui avait pour but l'exploitation des mines et la colonisation du Bambouk. Pour arriver à ce résultat, il ne demandait que 1,200 soldats et 2,000,000 de livres pour entretenir ces troupes pendant quatre ans, comptant que 4,000 marcs d'or, à 500 livres le marc, rembourseraient ces dépenses, et que les mines produiraient annuellement 1,000 marcs d'or. Ce projet n'eut aucune suite. M. Bruë quitta alors Saint-Louis et revint à Paris, où il fut un des administrateurs de la Compagnie. Un de ses successeurs, M. Le Veuz, s'occupa de nou-

veau des mines du Bambouk, où il établit le comptoir de Natacon. En 1730, on lui envoya de Paris les minéralogistes Pélays et Legrand ; mais le directeur-général ayant appris que
Pélays était spécialement chargé de surveiller sa conduite , il
le contrecarra en tout, et les minéralogistes revinrent en
France sans avoir pu obtenir de résultats satisfaisants. Le directeur-général David, qui vint après Le Veuz, s'occupa
beaucoup du pays de Galam, et fit élever le fort de Podor,
à la pointe occidentale de l'île à Morfil. Après lui, M. Aussenac,
commandant du commerce à Galam, fonda le comptoir de
Kélimani (1745). Au moment où l'on faisait de sérieux pré-
paratifs pour les mines du Bambouk, la guerre éclata avec
l'Angleterre, et arrêta la marche des affaires qui promettaient
de devenir heureuses (1756) [1]. Le commencement de cette
guerre fut d'abord favorable à la France ; mais bientôt la
fortune changea ; l'amiral Keppel força Gorée de capituler
(29 décembre 1758) ; quelques jours auparavant Saint-Louis
avait eu le même sort.

Les hostilités finirent en 1763, et le traité de paix nous
rendit l'île de Gorée seulement [2] ; dès le commencement de la
guerre de l'indépendance des États-Unis, le gouvernement
ordonna au marquis de Vaudreuil, qui se rendait en Amé-

---

[1] En ce moment, la Compagnie avait des comptoirs fortifiés à Arguin, à
Saint-Louis, à Gorée, à Rufisque, à Joal, à Portudal, à Bissao sur l'Océan,
à Saint-Pierre, à Saint-Joseph, à Podor sur le Sénégal, à Albréda et à Vintam
sur la Gambie.

[2] L'article 10 était ainsi conçu : — « S. M. B. restituera à la France l'île
« de Gorée, dans l'état où elle se trouvait quand elle a été conquise ; et,
« S. M. T. C. cède en toute propriété et garantit au roi de la Grande-Bre-
« tagne la rivière du Sénégal et les comptoirs de Saint-Louis, Podor et
« Galam, avec tous les droits et dépendances de ladite rivière du Sénégal. »

rique, d'enlever Saint-Louis en passant. L'escadre mouilla le 29 janvier 1779, devant Guettn'dar ; M. le duc de Lauzun débarqua aussitôt avec une partie de ses volontaires et des détachements de tous les régiments qui étaient à bord ; le gouverneur Robert Stenton livra sans résistance le fort, bien qu'il fût armé de 62 pièces de canon (30 janvier). Le traité du 3 septembre 1783 reconnut nos droits à la possession du fleuve.

C'est à dater de cette époque que la colonie fut administrée par des gouverneurs nommés directement par le roi. « Aussitôt après la paix de 1783, on songea en France à re- « constituer une Compagnie pour le commerce du Sénégal. « Le privilége exclusif de la traite des gommes pour neuf an- « nées (du 1er juillet 1784 au 1er juillet 1793) fut accordé à la « Compagnie de la Guyane, en indemnité de divers dom- « mages qu'elle avait éprouvés pendant la guerre ; mais à la « fin de 1785, ce privilége fut cédé à une association de « négociants qui prit le nom de Compagnie de la Gomme, « et qui échangea en 1786 ce titre contre celui de Compa- « gnie du Sénégal. Les dépenses que les établissements du « Sénégal et de ses dépendances occasionnaient alors au gou- « vernement, s'élevaient à plus de 500,000 livres par an. « Elles furent réduites à 302,000 et mises à la charge de la « Compagnie, qui, à la fin de 1786, obtint en dédommage- « ment la traite exclusive des Nègres, la prolongation du « privilége de la gomme pour trois ans, et en janvier 1789 « l'extension de son privilége de commerce à la côte com- « prise entre les caps Vert et Tagrin [1]. »

---

[1] *Notices statistiques sur les Colonies françaises*, IIIe partie, page 153.

M. Durand fut le premier directeur de cette nouvelle association ; M. le comte de Repentigny, alors gouverneur
pour le roi, fit explorer les côtes de la Sénégambie jusqu'à
Sierra-Leone, par la corvette la *Bayonnaise*, aux ordres
de M. le marquis de la Jaille, lieutenant de vaisseau. Cet officier fut aussi chargé de désigner les lieux qui lui semble-
raient propres à l'établissement de comptoirs : en même temps
M. Durand visitait l'intérieur du Sénégal jusqu'à Podor, et
concluait plusieurs traités avec les marabouts maures (1784,
avril 1785). En 1786, il envoya à Galam son commis Rubault qui périt peu après sous les coups de ses esclaves : le
comptoir de Galam fut dès-lors abandonné.

M. le chevalier de Boufflers remplaça M. de Repentigny.
Quelques jours avant son départ, ce dernier eut une confé-
rence solennelle avec le roi de Salum, près de Cahone, et lui fit
signer un traité par lequel ce chef s'engageait à ne recevoir
que les Français dans son royaume, cédait l'île de Castiambe,
et permettait de construire un fort à Kiawer, un des plus
grands marchés d'esclaves de la côte.

M. de Boufflers transporta le chef-lieu du gouvernement à
Gorée ; il chargea son aide-de-camp Golbery de visiter par
terre tout le littoral, depuis Saint-Louis jusqu'à la Gambie,
et fit lui-même un voyage sur le continent pour acheter
le cap Vert, cession qu'il obtint sans résistance. En 1788,
M. de Boufflers quitta la colonie, la laissant entre les mains
du major de Blanchot, qui commandait le bataillon d'Afrique
depuis sa création, en 1783.

La Compagnie, malgré tous les avantages que lui avait
procurés le gouvernement, était trop mesquinement organisée
pour prendre un essor convenable, et les diverses disposi-

tions adoptées successivement en sa faveur ne servirent qu'à attirer de vives et nombreuses plaintes de la part des chambres de commerce. Le 15 avril 1789, les habitants de Saint-Louis, réunis sous la présidence de leur maire, le mulâtre Ch. Crosnier, rédigèrent une adresse à l'Assemblée constituante, pour demander l'abolition de la Compagnie. Les chambres de commerce appuyèrent avec empressement cette réclamation, et le 23 janvier 1791 la Compagnie fut dissoute et le commerce déclaré libre pour tous les Français.

Le Sénégal se vit alors dans une situation plus précaire encore qu'auparavant; une concurrence sans borne entre les négociants de la colonie, ceux de la Métropole et ceux des Etats-Unis, autorisés par le gouvernement français à participer aux avantages de la liberté de commerce, et une guerre longue et périlleuse avec les Maures du désert (1798), l'eurent bientôt mis dans un état désespéré. La prise de Gorée par les Anglais (1800) et l'attaque dirigée inutilement par eux, contre Saint-Louis, dans la nuit du 4 au 5 janvier 1801 [1], pouvaient faire craindre la perte prochaine de la colonie, quand la paix d'Amiens vint pour un temps lui rendre quelque repos (1802). D'après ce traité, l'île de Gorée devait nous être rendue, mais elle ne le fut pas, et il fallut, dès que la guerre eut recommencé, que M. de Blanchot

---

[1] Dans la nuit du 4 au 5 janvier 1801, sir Charles Hamilton, commandant de la frégate la *Melpomène*, mouilla à Guettn'dar et envoya pour attaquer Saint-Louis le colonel Frahser avec 150 marins et soldats. Le major de Blanchot n'avait que 30 soldats et une soixantaine de nègres, il les disposa cependant de manière à faire croire à un plus grand nombre de défenseurs ; les Anglais, repoussés deux fois de suite, se rembarquèrent à la hâte laissant plusieurs morts et parmi eux trois officiers.

alla l'enlever par un de ces hardis coups de main, dont la marine française a si souvent à s'honorer (1804) [1]. Mais le gouverneur n'ayant pas eu la prudence de laisser dans l'île une garnison suffisante, elle retomba peu de mois après au pouvoir des Anglais. Le gouverneur s'engagea inutilement dans une guerre avec les Foules (1804-1806); aussi, privée de secours et manquant de défenseurs, Saint-Louis capitula le 14 juillet 1809. M. de Blanchot ne céda qu'après une longue résistance et avoir vu toutes les fortifications détruites par le feu de l'ennemi. L'article VIII du traité du 30 mai 1814 nous restitua une partie de nos colonies, entr'autres le Sénégal. Le 17 juin 1816, partit de Rochefort une expédition pour en aller reprendre possession : elle se composait de la frégate la *Méduse*, commandant H. des Roys de Chaumareix, de la corvette l'*Echo*, du brick l'*Argus* et de la corvette de charge la *Loire*. A bord de la *Méduse* étaient une trentaine de commissaires chargés, au nom d'une Compagnie, de visiter le cap Vert que l'on voulait coloniser. On sait la déplorable issue de cette première expédition. Quand les malheureux naufragés de la *Méduse* se furent réunis à Saint-Louis, et qu'ils voulurent en reprendre possession,

[1] Une escadrille composée de cinq goëlettes et dirigée par le lieutenant de vaisseau Massé jeta l'ancre devant Gorée le 17 janvier au soir ; pendant la nuit, les troupes, composées de quelques jeunes gens de Saint-Louis, de marins et de 30 grenadiers de la 46e demi-brigade, commandés par le sergent Gouffé, débarquèrent et commencèrent l'attaque ; les Anglais, au nombre de 120, surpris à l'improviste, se retirèrent dans le fort de la Montagne. Le sergent Gouffé, alors avec ses grenadiers, tourne le rocher, trouve un chemin à peu près praticable, et vient sommer le gouverneur, M. Frahser, de se rendre; celui-ci, croyant avoir affaire à l'avant-garde d'un corps de troupes considérable, se hâta de capituler. (18 janvier.)

le gouverneur anglais Beurthornne refusa de s'en dessaisir, et ce ne fut que le 25 janvier 1817 que le colonel Schmaltz, commandant pour le roi, obtint la reddition de la colonie.

« L'attention du gouvernement en recouvrant le Sénégal, « se porta sur les moyens de hâter le développement des res- « sources que cette colonie pouvait offrir à la France. Jus- « que-là aucun essai de culture n'y avait été entrepris. L'a- « bolition de la traite des nègres et la perte faite par la France « de plusieurs de ses colonies agricoles, conduisirent le « gouvernement à diriger ses vues vers l'introduction au « Sénégal de la culture des denrées coloniales. Un double « avantage semblait devoir en résulter : d'un côté, de nou- « veaux débouchés s'ouvriraient à l'écoulement des produits « de l'industrie nationale; de l'autre, la civilisation péné- « trerait avec le travail parmi les peuplades indigènes, « dont on voulait faire les principaux instruments d'une « colonisation fondée sur la culture par des mains libres [1].

Une compagnie s'était formée aussitôt la paix, comme nous venons de le dire, pour coloniser le cap Vert ; malgré l'affreux événement qui avait terminé la vie des premiers membres de cette association, et malgré les rapports défavorables du petit nombre de ceux qui avaient survécu, les affaires n'en conti- nuèrent pas moins à marcher : des plans magnifiques, des gravures représentant Daccar comme un nouvel Eden, furent répandues dans les campagnes de l'Alsace, de la Lorraine et de la Provence ; aussi de nombreux émigrants se réunirent au Hâvre, lieu désigné par les administrateurs de la Compagnie. Tous les efforts du gouvernement pour ouvrir les yeux à ces

[1] *Notices statistiques sur les colonies françaises*, IIIe partie, page 158.

malheureux que l'appât du gain avait aveuglés furent inuti-
les : ayant tout abandonné, ils n'avaient plus d'espoir que
dans l'avenir. Ils s'embarquèrent sur le trois-mâts la *Belle-
Alexandrine*, et arrivèrent à leur destination le 12 avril 1817.
On juge facilement quel effet dut produire sur ces hommes
qui cherchaient une terre promise, la vue du cap Bernard
avec des rochers dépouillés au lieu de végétation, des sables
brûlants au lieu de verdure, et des baobabs énormes au lieu
d'arbres fruitiers. Le découragement s'empara des nouveaux
colons qui se réfugièrent soit à Gorée, soit à Saint-Louis,
et dont le plus grand nombre succomba aux maladies du
pays. Les directeurs accusés d'escroquerie furent forcés de
prendre la fuite [1].

Pendant que ces événements se passaient, le gouvernement
s'occupait sérieusement de la colonisation du Sénégal. Au
mois de mai 1818 on présenta un plan qui fut adopté, et deux
expéditions partirent de France avec tout le matériel nécessaire, l'une le 8 juillet 1818, commandée par M. le capitaine
de vaisseau baron Roussin; l'autre le 15 février 1819, sous les
ordres de M. le capitaine de vaisseau baron de Mackau.

Le commandant du Sénégal n'ayant pu réussir à s'entendre
avec les Peuls ou Foules, passa alors, avec Amar Boye,
brack ou roi du Walo, un traité par lequel, moyennant des
coutumes annuelles, il cédait à la France tous les terrains où le
commandant français voudrait élever des forts, magasins ou
batteries (8 mai 1819) [2]. Pareil traité fut passé avec Amar-Oul-

---

[1] *Voyage autour du monde*, exécuté sur la corvette la *Favorite*,
en 1830, 1831 et 1832, par M. Laplace, capitaine de frégate, tom. i,
pages 475 et 499.

[2] Ce traité fut de nouveau confirmé le 4 septembre 1835.

dou-Moctar, roi des Maures Bracknas, habitants de la rive droite du fleuve (20 mai). Ces projets irritèrent les Maures Trarzas : ils comprirent bien que la domination française allait ruiner l'autorité qu'ils exerçaient sur les gens du Walo, depuis la guerre qu'ils leur avaient faite en 1795 ; et bientôt, étant parvenus à soulever contre la colonie les Peuls et même les Bracknas, ils formèrent une ligue puissante ayant pour but de neutraliser tous les efforts du gouvernement, et commencèrent les hostilités au mois d'août 1819. Deux bâtiments français, qui remontaient le fleuve, furent très-maltraités par une vive fusillade des Foules ; plusieurs habitations, élevées déjà dans le Walo, furent incendiées, cinquante yoloffs tués et une centaine emmenés en esclavage. Les troupes françaises exercèrent alors de sanglantes représailles contre les Maures, les chassèrent du Walo et détruisirent deux gros villages Foules. Les Trazsas et les Bracknas se hâtèrent de demander la paix, qui leur fut accordée en juin 1821 ; ils promirent de ne plus mettre obstacle aux projets des Français, même de les aider, et surtout de ne jamais vendre de gomme en quelque petite quantité que ce fût, ailleurs que dans les escales reconnues ; de son côté, le gouverneur déclarait que s'ils manquaient à une seule des conditions stipulées dans les traités, les princes maures perdraient toutes les coutumes auxquelles ils avaient droit. Aussitôt après, on créa une nouvelle escale chez les Maures Dowiches, à Bakel, près de la Falémé, et l'année même de sa création, on y traita 250,000 kilogr. de gommes. En 1822, on commença d'une manière sérieuse les travaux de culture et de colonisation qui furent entrepris sur une grande échelle. Le Walo fut divisé en quatre cantons agricoles, 1° celui de Daganah, qui avait pour chef-lieu le fort de

2

ce nom , et contenait plusieurs établissements privés et l'habitation royale de Koïlel , fondée aux frais de la liste civile ; il s'étendait à 4 lieues au-dessous des villages de M'Bilor, devant l'île de Todd ; 2° celui de Richard-Toll , point central de la colonisation ; il se développait sur une longueur de plus de 4 lieues au bord du fleuve , et était traversé par le marigot de Tawei ; il comprenait la pépinière de Richard-Toll et six habitations, dont cinq en maçonnerie ; 3° celui de Faff, s'étendant sur 7 lieues au bord du fleuve , depuis la limite du précédent jusqu'au village de Ghiawar ; il était traversé par le marigot de Gorom, et composé de dix habitations et du fort de Faff ; 4° celui de Lam'sar , commençant à 7 lieues de Saint-Louis et s'étendant aux rives des marigots de Khasab, de Ghieuss et de Gemoié ; il contenait 17 fermes et le petit fort de Lam'sar ; enfin, sept ou huit habitations réunies aux environs de Saint-Louis formaient le canton rural [1]. En même temps on déclara Gorée port franc (1er avril 1822). M. Schmaltz avait conçu de bien plus vastes projets : il aurait voulu acheter l'île à Morfil pour la coloniser et relever le fort de Podor ; mais jamais il ne put décider les Foules du Fouta à accomplir cette vente. La culture du cotonnier et de l'indigo furent les premiers objets des primes accordées par le gouvernement. A la fin de 1822 , on comptait un million de cotonniers ; l'année suivante, M. Bésuchet , agriculteur très-distingué , entreprit la culture du séné , et préparait celle du palma-christi , plante native du Sénégal ; en même temps on y naturalisait le mûrier , le

---

[1] Le personnel attaché à ces cantons se composait d'un inspecteur, d'un inspecteur-adjoint, d'un naturaliste, d'un chimiste, d'un indigotier en chef, de sept chefs d'ateliers d'égrenage et de seize jardiniers-agriculteurs. La dépense de ce personnel montait à 45,105 francs.

caféier, le roucouyer, le cactus nopal et l'hibisues de chanvre. En 1825, on recensa 3,449,000 de cotonniers, dont 1,124,000 dans les établissements du gouvernement, et vingt-huit habitations particulières.

Ces efforts étaient certainement dignes de louanges, mais le produit des récoltes était loin de répondre aux espérances que l'on avait conçues; de 1822 à 1825 on ne recueillit en tout que 49,660 kilog. de coton égrené; on diminua alors les primes pour les cotonniers et on les augmenta pour l'indigo; aussi en 1827 il n'y avait plus une ferme s'occupant de la culture du coton; de nombreuses indigoteries furent construites, tout fut mis en œuvre pour faire réussir les essais, mais on ne fut pas plus heureux, et en 1830 il n'y avait pas une indigoterie. On tenta encore vainement de la cochenille, des vers-à-soie, de la canne à sucre, du caféier, et on abandonna enfin tous les essais de culture.

Le seul résultat de ces tentatives infructueuses, fut de multiplier la relation des Européens avec les indigènes et de faire conclure plusieurs utiles traités, passés à diverses époques avec les Maures. Un autre traité, non moins heureux dans ses résultats, mais fâcheux par les causes qui l'amenèrent, fut passé avec les habitants de Gandiolle (décembre 1826). Ces nègres exerçaient de tous temps le droit *de bris et naufrages* : au mois de décembre 1826 un bâtiment de commerce ayant fait côte à Gandiolle, le gouverneur de Saint-Louis se hâta d'envoyer sur les lieux une compagnie du 16e léger [1]. Quelques noirs ayant voulu, malgré les sentinelles, monter sur le navire, une d'elles fit feu et tua un chef. Les nègres

[1] Gandiolle est à peu de distance de la barre du Sénégal.

furieux arrivèrent le lendemain au nombre de 5 ou 600 et surprirent le capitaine Méchin qui était loin de s'attendre à une pareille attaque : écrasés par le nombre, presque tous nos soldats furent tués ; leurs deux officiers périrent ; une quinzaine d'hommes à peine regagnèrent Saint-Louis. Les Gondiollais, cependant, inquiets de la tournure que pourrait prendre cette affaire, accédèrent avec empressement au traité qu'on leur proposait et qui devait faire oublier leur conduite ; pareil traité avait été passé avec les habitants du cap Vert le 26 octobre précédent. Des troubles plus graves agitaient alors le Fouta et le pays de Podor. Depuis 1828 Mohammed-Amar, un des savants disciples du célèbre Iman Boubakar, chef de Dimar, était revenu dans sa patrie, après une longue absence dans le désert, et s'annonçait comme un prophète envoyé du ciel ; il n'eut pas de peine à se faire de nombreux partisans, et dès qu'il se sentit en force, il commença une guerre sacrée, comme il la nommait. Battus d'abord par Youssouf, almamy du Fouta-Toro, ses soldats semblèrent douter du caractère divin de leur chef. Mohammed alors n'hésita pas à égorger son fils comme victime expiatoire ; ses troupes émerveillées d'un tel sacrifice, reprirent confiance, et plusieurs avantages remportés après ce meurtre, les convainquirent de nouveau de la protection que Dieu accordait à Mohammed ; le faux prophète, après avoir pris Podor et mis en fuite Youssouf, marcha contre nos établissements pour en faire, disait-il, disparaître même la mémoire. A cette nouvelle, M. Brou, gouverneur du Sénégal [1], résolut de prévenir l'ennemi et alla à sa rencontre jusqu'à Daganah, avec 250 hommes

---

[1] Depuis le 7 janvier 1828 on avait remplacé au Sénégal par des gouverneurs les commandants et administrateurs pour le roi.

du 16e léger, commandés par le chef de bataillon La Morlette et embarqués sur le bateau à vapeur l'*Africain*. Mohammed s'était annoncé pour le lendemain à Daganah (10 mars 1830), où s'étaient réfugiés environ deux mille guerriers du Walo, mais dont aucun, malgré les plus vives instances de M. Brou, ne voulurent se joindre à nos troupes, tant ils craignaient de s'attirer la colère divine en combattant un prophète [1]. Mohammed ne se troubla nullement à la vue des soldats ; il prit position à M'bilor, village très-voisin de Daganah ; quelques décharges des canons de l'*Africain* en eurent bientôt renversé les cases, et à la vue des flammes de l'incendie, les cavaliers du Walo reprirent courage, et chargèrent avec vigueur les ennemis dont quelques-uns seulement purent échapper ; le prophète fut pris, jugé par les chefs et suspendu à un tamarin, en face de Richard-Toll, puis tous déchargèrent leurs fusils sur lui.

En 1832, la guerre contre les Maures se ralluma ; le brack du Walo ayant voulu donner sa fille Guimbotte en mariage au roi de Trarzas, le gouverneur ne put adhérer à une union qui allait augmenter de beaucoup l'influence des Maures, et n'ayant pu faire céder le brack, force fut de reprendre les armes (juillet). Une petite escadre commandée par M. le capitaine de frégate Quernel, remonta le fleuve jusqu'au pays des Maures et mit à terre 500 soldats, marins et artilleurs ; la colonne ne put malheureusement pénétrer qu'à huit lieues dans les terres, à cause des dix pièces de canon qu'elle traînait avec elle ; cinq

---

[1] Comme ils l'ont dit après le combat au gouverneur, pour expliquer leur conduite, voyant Mahomed battu, ils ne doutèrent plus que ce ne fût un faux prophète et n'eurent plus aucun scrupule à charger sur ses troupes.

villages furent incendiés avec toutes les moissons et deux cents Maures pris, tués ou blessés [1]. M. Quernel rentra à Saint-Louis le 31 décembre, quelques jours après la mort du gouverneur, M. de Saint-Germain, qui venait de succomber à la fièvre du pays. M. Quernel prit alors les rênes du gouvernement, laissant M. Malavois, commandant de Gorée, dans le Walo, avec un camp de 200 hommes (mars 1834).

Peu de temps après, le roi des Braknas, Amélou, vint solennellement à Saint-Louis ratifier un traité conclu le 5 mai précédent (20 juillet); mais les Maures Trarzas, loin de vouloir la paix, continuaient les hostilités, cherchant à empêcher les traitants de remonter le fleuve et même s'attaquant aux navires qui allaient relever la garnison des postes de l'intérieur : un tel état de choses devenait intolérable, et, par de nouvelles expéditions, après les avoir entièrement chassé des Walo, le gouverneur, M. Pujol, publia le 17 janvier 1835 un arrêté qui déclarait en état de blocus, à dater du 17 février suivant, la côte depuis la rivière Saint-Jean jusques et y compris Portendik. Les Trarzas voyant alors leur commerce ruiné et étant attaqués à la fois par terre et par mer, implorèrent la paix qui leur fut accordée le 30 août; le traité portait « que le roi des Maures renonce formellement pour lui per-« sonnellement et pour ses successeurs, à toutes prétentions « directes ou indirectes sur la couronne du pays du Walo, et

[1] Cette expédition se composait de la frégate la *Flore,* commandant Quernel, du brick l'*Assas,* capitaine Barthélemy, capitaine de corvette, du vapeur l'*Africain,* capitaine Laurencin, lieutenant de vaisseau, des quatre goëlettes de la colonie, de la cannonière-brick la *Champenoise,* de deux chaloupes canonnières; le corps de débarquement était formé de 300 soldats du régiment de marine, de 100 artilleurs et de 70 marins d'élite.

« notamment pour les enfants qui pourraient naître de son
« mariage avec la princesse Guimbotte, fille du brack du
« Walo [1]. » La tranquillité se rétablit dans la colonie pendant
plusieurs années et ce ne fut qu'en 1843 qu'on reprit les armes.
Dès 1840 les habitants de Cascaï, gros bourg situé près de
Podor, avaient commis des déprédations sur quelques-uns de
nos traitants ; l'année suivante, M. Montagniès de la Roque,
alors gouverneur, exigea une indemnité que l'Almamy promit
de payer. En 1843, l'officier chargé de la direction des escales du Fouta, réclama l'annuité de 1842, et pour toute réponse
l'Almamy le fit fouetter publiquement. M. le comte Ed. Bouet,
successeur de M. de la Roque, fit venir aussitôt d'Alger 40
spahis et se rendit sur les lieux avec eux, 500 marins ou
soldats et 500 laptots, tandis que quelques navires remontaient
en même temps le fleuve. Une seule charge de cavalerie dirigée par le lieutenant Van-Gohlen suffit pour disperser l'ennemi ; mais la canonnade des navires ne cessa que quand il ne
resta plus une case debout ; quelques débris, seuls vestiges d'un
des plus beaux villages du fleuve, furent achevés par les flammes (4 août). La nation se hâta de demander la paix qui ne lui
fut accordée qu'après la déposition de l'Almamy et le paiement
des indemnités qui étaient dues.

Peu de jours après, une commission composée de MM.

[1] En avril 1843, M. le comte Ed. Bouet, gouverneur du Sénégal, pour faire
voir aux Maures nos troupes, fit une promenade militaire dans le Walo et
chez les Trarzas ; il reçut en même temps les protestations d'amitié de plusieurs chefs influents et entr'autres de la princesse Guimbotte, qui, brouillée
maintenant avec son mari, le pria de la reconnaître publiquement pour sa
sœur. Guimbotte, négresse d'environ 35 ans aujourd'hui, et douée
d'une rare intelligence, a su, par son habileté, se mettre à la tête de tout
le Walo.

Huard-Bessinière, pharmacien de la marine, Raffenel, commis d'administration, Jamin, enseigne de vaisseau, Peyre-Ferry et Pottin-Patterson, habitants de la colonie, partit de Saint-Louis pour aller explorer la Falémé, le Bambouk, le Bondou et la Gambie (16 août) [1]. Le bateau à vapeur l'*Erèbe* et le cutter le *Vigilant* les transportèrent à Bakel. Durant toute la traversée ces deux bâtiments furent sans cesse en but aux fusillades des gens du Fouta, heureusement qu'elles firent plus de bruit que de mal. En revenant au mois d'octobre, l'*Erèbe* fut encore accueilli sur plusieurs points avec des coups de fusil ; s'attaquer à un bâtiment aussi fort que l'*Erèbe*, montrait une bien grande effervescence dans l'esprit des Foules et était un présage effrayant pour le *Vigilant*. Ce pauvre petit bâtiment qui escortait deux ou trois traitants, se vit, à dater de Koundel, obligé de supporter de continuelles déchar-

---

[1] Au mois de décembre 1839, une semblable commission, composée de MM. Caille, capitaine d'infanterie de marine, Huard-Bessinière, Pottin-Patterson et Paul Hott, avait visité et exploré le Panié-Foule et le Walo. La nouvelle commission était chargée d'explorer particulièrement le Bambouk, d'examiner la situation des mines, les moyens de les exploiter, les lieux où il faudrait élever des établissements militaires, et par quel système on pourrait s'allier les différents chefs de ces contrées. M. Huard-Bessinière rédigea un long rapport qui répondait à toutes ces questions. (Voir *Revue coloniale* du mois de novembre 1844). Il décida le roi du Bondou à conclure un traité par lequel : « moyennant 4,000 francs une fois payés, il « permettait d'élever un comptoir à Senoudebou et s'engageait à diriger ex- « clusivement sur nos comptoirs les caravanes de ses sujets qui vont au « Bambouk, au Kasso, etc., chercher des produits indigènes (5 décem- « bre 1843). » La commission, composée seulement de MM. Huard, Raffenel et Patterson, descendit jusqu'à la Gambie et revint par mer à Saint-Louis (16 mars 1844). Les deux autres membres, malades, avaient été obligés de renoncer au voyage dès Bakel ; M. Huard, lui-même, mourut quelques mois après de la fièvre qu'il avait contractée dans ces climats meurtriers.

ges de mousqueterie. « Lorsque la fusillade commença, dit
« M. Raffenel, dans la relation du Voyage, nos deux camara-
« des que ramenaient le cutter, MM. Jamin et Peyre-Ferry,
« étaient au plus mal ; ils étaient hors d'état de prendre au-
« cune mesure énergique pour arrêter les effets du découra-
« gement qui s'emparait des traitants et des laptots. C'était
« là le plus grand mal à redouter ; car des bastingages en
« planches de ronier et en peaux de bœuf donnaient à l'équi-
« page un abri à peu près sûr. Cette fusillade donc, qui
« devenait au moins insupportable, si elle n'était pas meur-
« trière, continua jusqu'à Saldé ; là, la scène changea ; nos
« deux camarades n'avaient plus connaissance, le décourage-
« ment des traitants et des laptots était à son comble ; or,
« dans ce moment il fallait précisément de la liberté d'esprit
« et de l'énergie, car l'armée entière des insurgés du Fouta
« se trouvait réunie autour de Saldé, et l'Almamy, qui seul
« pouvait protéger nos hommes, avait été sommé de se pro-
« noncer et s'était résigné, pour sa sûreté personnelle, à
« faire cause commune avec le parti le plus fort. [1] » Les traitants alors ne connaissant plus de bornes à leur frayeur, débarquèrent pour faire leur soumission à l'Almamy. Après plusieurs
heures de pourparlers, on se sépara sans avoir rien décidé,
et un corps de troupes Foules fut chargé de garder à vue les
navires français. Les négociations duraient depuis trois jours,
la fureur des nègres croissait à chaque instant, et les parents
de ceux qui avaient péri à Cascaï, demandaient à grands cris
les têtes des blancs ; tout espoir semblait perdu, mais M. le
comte Bouet, prévenu de ce qui devait arriver au *Vigilant* par

[1] *Voyage dans l'Afrique occidentale*, par M. Raffenel page 223.

ce qui était arrivé à l'*Erèbe*, s'était embarqué sur ce bâtiment; et suivi du *Galibi*, il arriva à Saldé au moment où la situation des Français était si désespérée. Les Foules n'osèrent faire aucune résistance, mais M. le gouverneur dut à son grand regret retourner à Saint-Louis, sans avoir pu exiger des réparations pour ces violences, pressé qu'il était par la baisse des eaux.

L'année suivante les hostilités recommencèrent avec plus de violence encore. M. Thomas, gouverneur par intérim, envoya une expédition pour les faire cesser [1]. Les bateaux à vapeur l'*Erèbe* et le *Galibi*, les cutters le *Vigilant* et le *Furet* vinrent s'embosser le long de la côte de l'île à Morfil (9 juin 1844); le lendemain les troupes commandées par M. le chef de bataillon Caille débarquèrent, et le 11 juin on prit et brûla les deux plus gros villages de l'île Doué, et Mahou : de notre côté on n'eut à regretter que M. Reyniès, enseigne auxiliaire, atteint mortellement d'une balle, en servant à découvert une des caronnades de l'*Erèbe* [2]. Les chefs se hâtèrent de déposer l'Almamy et de conclure un traité qui nous donne libre parcours sur les 360 kilomètres des côtes que possède le Fouta, et permet ainsi de faire le commerce avec l'intérieur sans crainte de voir nos traitants exposés à la fusillade des riverains. M. le comte Bouet, revenu à l'île Saint-Louis, à la fin de 1844, la quitta définitivement quelques mois après, emportant les regrets de toute la colonie, regrets que lui avaient mé-

---

[1] M. Bouet était alors en France, chargé par le prince de Joinville de porter à Paris les étendards pris à Tanger et à Mogador.

[2] M. Caille, promu tout récemment au grade de lieutenant-colonel, vient de mourir à Saint-Louis, d'une sorte d'épidémie qui y a régné et y a fait de nombreuses victimes (septembre 1847).

rités à justes titres son administration ferme et bienveil-
lante [1].

2°

LE FLEUVE LE SÉNÉGAL. — COTES DE LA SÉNÉGAMBIE.

Le fleuve le Sénégal, dont la possession nous a été reconnue
par le traité de 1814, appartenant entièrement à la France,
nous croyons devoir en donner une exacte description.

[1] Nous croyons devoir donner à nos lecteurs la liste des gouverneurs :
Gouverneurs, MM. Dumontel, nommé en 1783, destitué en 1784.
  Le comte de Repentigny, lieutenant de vaisseau, nommé en 1784.
  Le chevalier de Boufflers, maréchal-de-camp, — 1786.
  Le chevalier de Blanchot, major d'infanterie, puis général de bri-
    gade, — 1788.
Commandants et administrateurs pour le roi : MM. Schmalz, colonel
    d'infanterie, entré en fonctions le 25 janvier 1817.
  De Fleuriau, capitaine de frégate, — 2 janvier 1818, *intérimaire*.
  Schmalz, revenu, — 10 juillet 1819.
  Le baron Le Coupé, capitaine de vaisseau, — 11 août 1820,
  Le baron Roger, avocat, — 1er mars 1822.
  Le baron Hugon, capitaine de frégate, — 1er septembre 1824, *intérimaire*.
  Le baron Roger, revenu, — 1er novembre 1825.
  Gerbidon, commissaire de la marine, — 19 mai 1827, *intérimaire*.
Gouverneurs : MM. Jubelin, commissaire principal de marine, — 7 jan-
    vier 1828.
  Brou, capitaine de vaisseau, — 11 mai 1829.
  Regnault de Saint-Germain, chef de bataillon d'infanterie, — 1831, (il
    y meurt.)
  Cadeot, sous-commissaire de marine, — 18 octobre 1833, *intérimaire*.
  Quernel, capitaine de frégate, — 15 novembre 1833, *intérimaire*.

Le Sénégal prend sa source dans le Fouta Djallon , près de Timbou et des sources de la Gambie , dans un lieu nommé Bâfing, par 10° 40' de lat. N. et 13° 37' de long. O. « A Bâ- « fing , dit M. Mollien qui le visita en 1817 , je vis un bou- « quet d'arbres touffus qui cachait les sources à ma vue ; je « descendis rapidement de la colline où j'étais monté , et j'en- « trai dans ce bois où jamais n'a pénétré le soleil ; je traversai « le Sénégal qui a quatre pieds de largeur en cet endroit, et « en remontant , j'aperçus deux bassins où l'eau bouillonnait « avec force , et au-dessus , un troisième qui ne semblait « qu'humide et qui est cependant, dit-on , la source princi- « pale. [1] » Son embouchure, comme on le sait , change quel- quefois ; elle est en ce moment par 18° 52' 40" de long. O. et 17° 50' de lat. N. Ce fleuve , qui sépare la Barbarie de la Nigritie, fait de nombreux détours et beaucoup de circuits ; de son embouchure jusqu'au marigot ou rivière des Maringouins,

Pujol, capitaine de frégate, — 15 mai 1834.

Malavois, lieutenant de vaisseau, retraité, — 1er juillet 1836, (il y meurt.)

Guillet, sous-commissaire de marine, —29 décembre 1836, *intérimaire.*

Soret, capitaine de corvette, retraité, — 1837.

Charmasson, capitaine de vaisseau, — 12 avril 1839.

Montagnies de la Roque, capitaine de vaisseau, — 1er juin 1841.

Pageot-des-Noutières, commissaire de marine, — 9 juillet 1842, *intérim.*

Le comte Bouet-Willaumez, capitaine de corvette, — 1843.

Thomas, commissaire de marine, — août 1844.

Le comte Bouet, alors capitaine de vaisseau, — novembre 1844.

Ollivier, capitaine de vaisseau, retraité, nommé le 17 août 1845, (il y meurt le 20 mars 1846.)

Thomas, commissaire de marine, — 20 mars 1846, *intérimaire.*

Bourdon-Grammont, capitaine de corvette, — 5 mai 1846, (il y meurt le 1er septembre 1847.)

Baudin, capitaine de vaisseau, — novembre 1847.

[1] *Voyage dans l'intérieur de l'Afrique,* par G. Mollien, tom. 1, page 132.

il coule parallèlement à l'Océan ; là , il fait brusquement
un angle à peu près droit pour se diriger à l'est , parallèlement à l'équateur ; un peu avant l'île à Morfil, il commence à
remonter légèrement au nord ; puis à N'Dormboss , environ
au milieu de l'île , il redescend obliquement au sud ; à Saldé ,
il fait un coude de quelques lieues pour reprendre aussitôt
après la direction précédente qu'il soutient jusqu'à Bakel ; à
dater de ce point , la descente devient de plus en plus obli-
que [1].

L'embouchure offre une largeur moyenne de 1,600 m., res-
serrée entre une langue très-étroite de terre, nommée Pointe
de Barbarie, et le royaume de Cayor , sur le continent. Cette
largeur est encore de 1,500 m. à Daganah , puis varie de 4 à
600. Vers sa partie inférieure, le fleuve coule dans d'immenses
plaines presque de niveau ; l'encaissement ne commence qu'à
15 lieues de l'embouchure ; les rives alors ont de 2 à 4 mètres
de hauteur. Son courant est de 2 à 3 nœuds , à Bakel de 4,
au-delà il atteint jusqu'à 5 nœuds 1[2 , et a un remou fort
gênant pour la navigation. La crue des eaux commence à la
mi-juin avec la saison des pluies, en septembre elle atteint 12
mètres ; au commencement de novembre les eaux baissent, et
à la fin de ce mois il n'y a plus qu'un ruisseau là où coulait un
fleuve impétueux. La marée se fait sentir jusqu'à Podor, à 60
lieues de la mer. A environ deux kilomètres de son embouchure, ce fleuve commence à former un grand nombre d'îles.
La première île est celle de Babaghé, séparée du continent par
celle de Safal ; au-dessus est l'îlot de Gueben , presque circu-

---

[1] *Description nautique des côtes de l'Afrique occidentale*, par **M. le
comte Ed. Bouet-Willaumez, page 17.**

laire ; puis la grande île de Sor et celle de Roup, toutes apparte- nant à la France ; M. le gouverneur de Blanchot les acheta aux chefs indigènes , par traités passés au mois de novembre 1799. L'île de Korr est entre Sor et le continent ; à l'est Saint- Louis ; puis, toujours au nord, paraît la grande île de Thionk, et au-dessus celle de Ghiaoss ; Thionk est séparée de la côte de Barbarie par les petites îles de Sal-Sal, de Djambor, et de Bop'in'chior au sud ; en remontant au nord , on trouve l'île aux Biches. Le fleuve forme ensuite, à l'ouest, avec le mari- got de Ouatalam, la vaste île de Bouxar. En continuant, on voit sur la rive gauche les marigots de Kasack et de Gorum, qui , avec le fleuve , forment les îles de Béquio et de Bifêche , cette dernière inhabitée. [1]

En quittant Saint-Louis pour remonter le Sénégal , on laisse sur la droite du fleuve (sur la gauche des voyageurs, par con- séquent), le village de Thionk, à la pointe sud de l'île de ce nom, et Guioss, un peu au-dessus, ainsi que Guiaman , puis Maka, habitée par les restes de la famille des Gueuses, dé- truite presqu'entièrement par les Yoloffs au combat de Thionk en 1795. Debi est un gros bourg dans l'île de Béquio , au-des- sus du marigot de Gorum ; ce village, comme celui de Maka , paie tribut aux Trarzas. Sur la rive droite, avant le marigot de Ouatalam est Sar, puis le marigot des Maringouins qui va se jeter directement dans la mer. C'est là que les Nègres célè- brent sur les navires une cérémonie analogue au baptême de la ligne. On doit passer ensuite devant plusieurs camps mau- res pour arriver à Kamm , sur la rive droite, après l'îlot de

---

[1] Nous devons tous les renseignements qui suivent à un jeune officier de marine, mort l'année dernière des fièvres des pays : il commandait une des goëlettes de la colonie.

Dianal. Kamm est encore tributaire des Trarzas; on passe ensuite devant Diaourr, sur la rive droite, Ronk, le marigot de
Gorum, Kort, sur la rive gauche; en face est Brenn et Diek.
Puis on atteint l'escale des Darmankours à droite, et l'ancien
fort de Faff à gauche; presqu'en face est l'escale des Trarzas
ou du désert; sur la rive droite, l'ancienne escale de Kamm,
sur le marigot de ce nom, et sur la gauche, le village de
Bagamm; on laisse bientôt après l'habitation Calvé et la
ferme la Sénégalaise, le village de N'Diao, tout récemment
établi. Celui de N'Diangui, capitale du Walo, est un des points
de relâche des navires qui remontent le fleuve. A 5 kilomètres
plus haut, à peu près, s'élève le fort de Richard-Toll, à l'entrée du marigot de Tawéi, qui communique avec le Panié-
Foul; entre ce fort et celui de Daganah, sont les villages de
Guidakar, de M'Bilor et l'île de Todd; cette île avait attiré l'attention des gouverneurs qui voulaient la cultiver; mais les
inondations fréquentes auxquelles elle est exposée, ont fait
abandonner tous les projets; ses habitants, comme ceux de
Guidakar, paient tribut aux Trarzas. Au-dessus de Daganah et
sur la droite, est le marigot de Sokum, qui réunit le lac Cayar
au fleuve; en face de Gaé et sur la même rive, est encore le
marigot de Dirir, qui forme le lac Barouandd et l'île de Reffo.
Gaé, gros village sur un marigot du même nom, est une escale abandonnée depuis 1833, et paie tribut aux Maures; le
bourg de Bokol est situé un peu au-dessus, à plusieurs kilomètres dans les terres, mais a un port sur le fleuve; on passe
ensuite devant Fanaye, un des plus riches villages du Fouta;
Cachot, à moitié chemin de Fanaye à l'île de Lamnayo,
est un point fort dangereux pour les navires quand la colonie est en guerre avec les Foules; car les habitants, profitant

du rétrécissement du fleuve en cet endroit, se cachent dans des trous creusés exprès, et font pleuvoir, sans s'exposer, une grêle de balles sur les hommes des navires dont ils dominent ainsi le pont. Un peu plus haut et sur la rive gauche, était le village de Doué, détruit par nos troupes en 1844; c'est le marigot de ce nom qui, avec le Sénégal, forme la grande île à Morfil. Cette île n'a pas moins de 40 lieues environ de l'Est à l'Ouest, sur 8 à 10 du Nord au Sud. Les principaux villages situés le long du fleuve, après Doué, sont Podor, jadis fort français; en face est l'escale des Bracknas ou du Coq, appelée par Labat, Terrier Rouge; après Podor, Diatal, Ouraordo, où les navires achètent beaucoup de mil; Aloar, Doumouss; en face de Copé, Aleybé, à quelque distance dans les terres et très-peuplé; trois lieues plus bas est le marigot Oualaldé, qui va rejoindre celui de Doué et divise ainsi l'île à Morfil en deux parties; on passe ensuite devant les ruines de Cascaï ou Casga, puis devant Dounguel, Gabobé. M. Raffenel, dans son voyage, décrit ainsi ces côtes : « Dans une assez grande étendue, nous voyons des plaines garnies de hautes graminées depuis les bords du fleuve jusqu'à plusieurs kilomètres dans les terres; les arbres y sont généralement rares, et on n'en aperçoit qu'à une certaine distance. En plusieurs endroits la rive gauche présente des coupées verticales d'une hauteur remarquable, aux pieds desquelles l'eau est si profonde, que le bateau à vapeur pourrait y accoster. L'aspect de ces rives, qui devient de plus en plus varié, nous fait oublier l'impression de tristesse dont il est difficile de se défendre en cotoyant, dans la saison sèche, les bords sablonneux et arides du bas du fleuve. » Après Gabobé et sur la même rive, on dépasse Oualla et Diara-N'Guel, dont les habitants savent résister aux attaques des Maures et ont toujours été en très-bonnes relations avec les Français. Après Tébékoutt et près de Saldé, se trouve le banc de Baly-N'Ghoye, passage infranchissable au mois de décembre, même pour les navires qui ne calent que deux pieds d'eau. Saldé, sur le marigot de ce nom, est un très-gros village; il y a près de là un banc fort gênant pour la navigation; à Saldé finit l'île à Morfil; en face est M'Bagny, où règne un prince du Fouta, ennemi déclaré des Maures; un peu plus loin est le banc de Doualell, à sec pendant la saison chaude. On passe ensuite devant Tiaiki, Dabia, Neyré, N'Diafann; ces trois derniers villages étaient jadis sur la rive droite; mais menacés sans cesse par les Bracknas, les habitants sont tous passés, depuis 1837, sur la rive gauche. Riguiann, gros village ennemi de nos traitants; puis viennent Kaïdi, habité par les Foules et les Saracolets et en face duquel campe en été une tribu de Maures Lybas, soumis aux Bracknas; Guial, Senthia-Farba et Goureil, dont les habitants font de charmants ouvrages en paille. Avant d'arriver ensuite à Guiaoul, on aperçoit, sur la rive droite, deux monticules boisés qui dominent une plaine où les Anglais, en 1760, élevèrent un fort; il en reste encore quelques ruines et deux canons abandonnés sur les lieux; en été, les Oualad-Elys occupent cette plaine. Après Doudo, les bords du fleuve s'embellissent, et les sites pittoresques deviennent de plus en plus fréquents. On passe à Sinthia-Aliourou, à N'Guiguo-logne, grand village avec un dangereux rescif dans le fleuve, à Sadel, à Oudourou; à Modinalla, sur la rive droite, village habité par un grand nombre de savants marabouts Dowiches, qui y tiennent plusieurs écoles renommées dans tout le Fouta. Sur la gauche, on laisse ensuite Konudel, avec son banc de roches ; Benke, N'Gaouedou, Kédel, Diamel-Diabé, qui a en face Civé, avec des écoles aussi célèbres que celles de Modinalla ; à très-peu de distance de Diamel est le marigot de Nabadié, qui se prolonge très-loin dans les terres ; on relève ensuite, toujours sur la rive gauche, les villages de Matam, dont le chef nous est très-attaché, de Belguiala, de Guianguoly, de Dolol, de Kialy, de Kamel, escale de mil très-fréquentée, et de Tinaly. On passe ensuite devant Ordolli, Bapabl, le grand village de Garréguel, divisé, ainsi que Barkédié, en deux parties, haute et basse : devant Gourmal, Ouavendé, Guellé, escale de mil ; Bitel, Lobalé, dont les habitants, Peuls et Saracolets, savent résister aux Maures ; Odobéré, divisée en deux parties ; Verma, où est un des passages les plus difficiles du fleuve ; on passe à Yarmaa, à Dambakané ; à peu de distance est le marigot de N'Guèrere, limite du Fouta-Damga et du pays de Galam. Gaudé est le premier village de cette contrée, occupé par les Sarracolets-Bakiris. A Monlok se trouve un banc de roc peu connu, ce qui le rend très-dangereux. On dépasse ensuite N'Gui-aouara, Tuabo, jadis capitale du Bas-Galam et résidence du Tonka ou roi ; c'est là que mourut, en 1711, M. Mustellier, successeur de M. Bruë ; Maramtouré, puis, on laisse à droite plusieurs petites îles couvertes de verdure, dont la principale est Galabès, pour s'engager dans un étroit passage qui existe entre la rive droite et ces îlots ; enfin on arrive au fort de Bakel, au-delà duquel se trouve le village de Guiaguila, sur la rive droite ; sur le bord opposé et presqu'en face est situé le marigot de Nériko, qui, croit-on, communique avec la Gambie, près du fort Mac-Carthy's ; au-delà de ce marigot est Koungeul, résidence du Tonka de Galam, que chaque na-vire doit saluer, en passant, de trois coups de canon. Kounguel est d'une extrême malpropreté, et l'endroit le plus sale est, selon M. Raffenel, le palais du Tonka, si on peut donner le nom de palais à la réunion de quelques cases entourées d'une tapade en paille. Divisé en trois parties, ce village est vaste et populeux; la partie du milieu, élevée sur le penchant d'une colline, est la plus considérable; elle est entourée d'une muraille irrégulière en terre, capable d'offrir encore une assez grande résistance. C'est là que règne Samba-Coumba-Diama, vieillard de 70 à 80 ans, qui, malgré son âge, conserve beaucoup de force et d'activité; ses fils ont été élevés à Saint-Louis, parlent et écrivent le français assez facilement, et même ont été baptisés. De Kounguel on se rend à Yaffre, placé à moitié chemin des villages de Mouléume et de Diogountrou, de la rive droite; Aroundou, de la rive gauche, est placé à l'embouchure de la Falémé. Boutubé, Kotéra et Ségala, sont peu distants de cette rivière et très-près les uns des autres; on laisse ensuite, sur la droite, les ruines du fort Saint-Joseph, près de Dramanet; puis on arrive à Makanah et à l'île de Caignou; on entre ensuite dans le royaume de Kasso; Médine, capitale du royaume, est le dernier village avant la cataracte de Félou. « La chute d'eau de la cataracte de Félou, dit M. le « comte Bouet, n'est pas aussi considérable qu'on l'avait faite; « de l'extrémité de la roche la plus élevée, extrémité qui « affecte la forme d'un cheval avec son cavalier, jusqu'au « niveau des eaux inférieures, il n'y a guère que 15 ou 20 m « d'élévation; les eaux supérieures, contenues par le barrage « de rocher, qui fait la cataracte, forment une espèce de lac, « où une embarcation, transportée par la voie de terre, « permettrait sans doute de remonter long-temps encore le « cours du Sénégal pendant l'hivernage. » Les cataractes de

Gowina sont situées à quelques lieues plus haut; c'est là que le fleuve fait un coude très-brusque au sud, et coule parallèlement à l'Océan, pendant 130 ou 150 lieues, pour se diriger ensuite à l'ouest jusqu'à Bafing.

La rivière la Falémé, qui se jette dans le Sénégal à quelques kilomètres seulement de Bakel, prend sa source près de celles de ce fleuve, et n'est connue que jusqu'à Sansandig, point où la commission d'exploration de 1845 s'est arrêtée; les principaux villages situés sur sa rive gauche, en descendant, sont ceux de Sansandig, de Mermeriko, sur le marigot du même nom, de Sittabenda, de Debou, de Sénou-Debou, comptoir français; de Kainoura, de Nayé, de Diboly, de Tataguiemby; sur la rive droite, ceux de Sansandig, en face du premier Sansandig, de Sittabenta, des deux Denguy, de Guûta-Tata, de Kidira-Tata, de Kidira-Tioubalou, de Diboly et de Goutubé, à l'embouchure.

La rive gauche du Sénégal, depuis son embouchure jusqu'à Bakel, est exclusivement habitée par des peuples de race nègre; elle comprend les royaumes de Cayor et de Walo, et les états libres de Fouta et de Galam.

Le royaume des Cayor, qui se prolonge jusqu'au cap Vert, sur la côte, ne s'étend, le long du Sénégal, que jusqu'à la pointe ouest de l'île de Bifêche; les principaux centres de population sont à N'Quien et à Mouit, chef-lieu du district de Gandiolle, en-deçà de la barre; à Gueben, dans l'île de ce nom; à Leybar, à l'extrémité sud de l'île de Sor, et divisé en vieux et neuf Leybar. Le roi porte le titre de Damel.

Le pays du Walo ou d'Owal, commence à l'ouest de l'île de Bifêche, à 3 lieues environ de l'embouchure du fleuve, et se termine à Daganah. Resserré en cet endroit entre le Sénégal

au nord et des coteaux sablonneux au sud, le Walo s'élargit
peu à peu, à partir du marigot de Taoué et de Tawey. Ce pays
contient le lac de Panié-Foul, de 8 à 10 lieues de longueur sur
2 à 3 de largeur, sur les bords duquel se trouvent les villages
de Lambaye, de Diokoul, de N'Dakar, de Nairé, de N'der, etc.

Le Fouta est divisé en Fouta-Toro à l'ouest, Fouta proprement dit au centre, et Fouta Damga à l'est. Le Toro commence
à Daganah et se termine à Aloar, près Podor; le Fouta a pour
limites le marigot de Nabadié, et le Damga celui de N'Guérère.

Le Galam, réduit aujourd'hui à une lisière de terre de 25
lieues de longueur sur 2 à 4 de profondeur seulement, est
divisé par la Falémé en deux parties presqu'égales, le Bas-
Galam ou Goye, et le Haut-Galam ou Kaméra, qui se termine
au royaume de Kasso, près des cataractes de Félou, jadis
puissant royaume, et qui n'est plus formé que de la province
de Logo, entre les deux cataractes.

Le Bondou est situé au sud-est du Damga et au sud du Bas-
Galam; la Falémé le sépare du Bambouk, et il est borné
au sud par le Tenda et le Fouta-Djallon. Le Bondou est
un pays vaste et populeux, dont les habitants sont très-adroits
et surtout très-industrieux, qualité assez rare chez les Nègres.
Sa capitale, Boulé-Bané, a de 2,000 à 2,500 habitants,
et est la résidence de l'Almamy ou chef théocratique [1]. C'est
un beau village, situé dans une vaste plaine boisée au sud et
sablonneuse à l'est, et entouré entièrement d'un épais rempart
en terre, de 3 à 4 m de hauteur. A l'intérieur, les cases sont
divisées en groupes et chacun de ces groupes est aussi ceint
d'une muraille; au centre est le tata ou palais fortifié de l'Al-

---

[1] Almamy est la contraction de Emir-al-Moumenym.

mamy, espèce de kasbah aux murs d'argile et aux bastions presque dépourvus de canons ; un seul est armé de deux mauvaises pièces en fonte, et, quoiqu'elles soient privées d'affûts et que leurs gueules soient exactement bouchées, on a eu soin de tourner les culasses en dehors pour ne pas effrayer les habitants. [1]

Le Bambouk, au sud du Haut-Galam, est séparé du Bondou par la Falémé dont il occupe la rive droite, et est borné à l'est par le Kasso, et au sud par le Fouta-Djallon, le Woolli et le Dentilia. C'est une confédération de divers districts indépendants ; les deux villages les plus considérables sont ceux de Farabana, capitale du Bambouk proprement dit, et Nataçon, chef-lieu du Niagala. C'est dans ces vastes régions que l'on trouve ces mines d'or magnifiques, selon les uns, pauvres selon les autres ; mais qui, d'après les renseignements de M. Raffenel, pourraient procurer une avantageuse exploitation ; elles ont déjà été visitées en 1817 par M. Mollien, et en 1821 par M. de Beaufort ; mais l'un ne sut pas remplir la mission dont l'avait chargé le gouvernement, et l'autre mourut avant la fin de son exploration. Kéniéba, occupé aujourd'hui par les Foulahs, est situé à une très-courte distance des mines et du marigot de Diambalad ; ce fut un très-beau village, et de loin même il en présente encore l'aspect ; mais en approchant on voit qu'il est presque en ruines ; en 1841, l'almamy du Bondou l'incendia, pour punir les habitants Mandingues de quelques déprédations commises par eux sur les cultivateurs Foules.

Nous empruntons à M. Raffenel la description de ces mines :

[1] *Voyage dans l'Afrique occidentale, etc.*, page 134.

« Près de Kéniéba, dit-il, sont les mines désignées en
« masse sous le nom de mines de Dambagnagney, situées au
« N.-O. On y pénètre par un trou de 7 à 8 m de profondeur,
« au fond duquel est une ouverture de 1 mètre environ de
« hauteur, qui conduit à une galerie de 45 à 50 m de lon-
« gueur. Tout autour de cette mine, la seule aujourd'hui en
« exploitation, on rencontre des trous d'une effroyable pro-
« fondeur, garnis, de distance en distance, de traverses de
« bois scellées aux parois et formant des croix horizontales ;
« ces traverses servent à recevoir les échelles des mineurs ; les
« montants en sont faits avec de jeunes arbres tenus écartés
« par des échelons grossièrement taillés et irrégulièrement
« fixés au moyen de liens d'écorce. C'est par de semblables
« échelles, si mal assurées, que ces malheureux descendent
« dans ces mines profondes d'au moins 35 à 40 m. » A une
lieue plus loin sont les mines de Peïïel, beaucoup plus riches,
mais qu'on n'exploite pas ; tous ceux qui y ont travaillé sont
morts ou devenus fous ; et les habitants en attribuent la cause
à quelques génies malfaisants, tandis qu'on peut aisément
l'expliquer par la présence d'une grande quantité d'arsenic,
mêlée aux terres du Mont Peïïel. Les femmes de Kéniéba ont
le monopole de la manipulation de l'or : les mineurs leur
livrent les produits de la mine, composés de schiste en frag-
ments assez gros, de cailloux et de limon sablonneux ; elles
placent le tout dans une calebasse pleine d'eau ; elles le pétris-
sent dans leurs mains, puis rejettent les cailloux, une partie
du schiste et du limon sablonneux ; on soumet encore le con-
tenu de la calebasse à plusieurs lavages successifs, jusqu'à ce
qu'il ne reste plus qu'un sable noir très-fin, qui contient l'or,
sous forme de paillettes extrêmement ténues ; on le laisse

sécher au soleil, puis on souffle dessus pour enlever la pous-
sière ; après cette dernière opération, il ne reste plus que la
poudre d'or. On conçoit aisément combien on en perd avec
un procédé aussi grossier et aussi imparfait.

Autour de Kéniéba, on trouve, outre celles que nous venons
de citer, onze autres mines, à Sadiola, Farabacouta, Dia-
conté, Ouralé, Diokéba, Dialafra, Gounfa, Kouronba, Sita-
kilé, Yatéra et Koundia. [1]

Dans le Dentilia, situé sur la rive gauche de la Falémé et
vers le sud, il y a de très-belles mines de fer : sa capitale est
Beninséraïbe. Le Fouta-Djallon occupe presque tout le sud de
la Sénégambie jusqu'à la Guinée ; c'est un pays Peul, divisé
en trois vastes provinces, Tembou, Laby, Temby : un désert
le sépare du Bondou.

La rive droite du Sénégal, depuis la cataracte de Gowina
jusqu'un peu au-delà de celle de Félou, est occupée par le
royaume de Kaarta, qui a pour capitale Médine, et est habité
par les Mandingues-Bambarras. Tout le reste du pays, jusqu'à
l'Océan, est peuplé par les Maures, savoir : les Maures Dowiches jusqu'à Sadel, les Maures Bracknas jusqu'au lac de
Cayor, et les Trarzas jusqu'au cap Blanc.

Cette vaste contrée, qu'on nomme Sénégambie, et qui
s'étend à l'est à une profondeur inconnue, est donc habitée par
quatre nations principales : sur la rive gauche du fleuve, les
Yoloffs, les Foules ou Peuls, et les Mandingues-Bambarras ;
sur la droite les Maures. Les Yoloffs appartiennent à la race
nègre ; leurs rois ou chefs se nomment Brack dans le Walo,
Damel dans le Cayor, Tyn dans le Baol, Bour dans le Syn et

[1] *Voyage dans l'Afrique occidentale, etc.*, page 380.

chez les Yoloffs proprement dits; le pouvoir est héréditaire,
mais si les chefs ne jugent pas les fils du roi capables de suc-
céder à leur père, on peut en choisir un autre parmi les
membres des branches collatérales. Ils sont idolâtres.

Les Peuls ou Foules sont cuivrés et mahométants; ils peuplent presque tout le sud-est de la Sénégambie; les chefs,
nommés Almamy, sont électifs; chez eux, les marabouts sont
en grande vénération et ont beaucoup d'influence.

Les Mandingues habitent le Bambouk, le Dentilia, le Tenda,
le Barr, etc.; les Bambarras du Kaarta, sont essentiellement
commerçants et mènent des caravanes à la Gambie et jusque
dans le Maroc. Les Sarracolets, qui tiennent des Yoloffs et des
Mandingues, peuplent le Galam; ils sont instruits, fort doux,
surtout très-fidèles, et professent la religion mahométane.

Les Maures n'ont que peu de villages, demeurant presque
toujours sous la tente, pour pouvoir changer de place à vo-
lonté; ils sont en général fourbes, turbulents et ennemis des
Français; la tribu des Darmankours, seule, qui habite aux
environs de Bakel, ne leur ressemble pas; ceux-là sont très-
instruits, très-religieux, et conservent en général la neutralité
dans les guerres. Tous les Maures sont mahométans [1].

[1] Il est très-difficile de donner une idée de la population de ces immenses
régions : voici cependant comment Malte-Brun l'évalue en partie :
Royaume de Cayor   100,000 habitants.
Royaume de Syn   60,000 habit.
Le Fouta-Toro   200,000 habit.
Le Fouta-Djallon. . . . ?   peut mettre sous les armes 16,000 guerriers.
Le royaume de Kasso. ?   peut mettre sous les armes 4,000 guerriers.
Le Bambouk   80,000 habit.
Le royaume de Salum 300,000 habit.

Dans cette évaluation, Malte-Brun omet le Walo, le Bondou et tout le
sud de la Sénégambie : on peut donc évaluer cette population à environ
6,000,000 d'habitants : quant aux Maures, il est impossible de se faire aucune idée de leur nombre.

La portion des côtes qui appartient à la Sénégambie est comprise entre le cap Blanc (19° 22" long. O. et 20° 40' 55" de lat. N.) et la rivière de Sierra-Léone, environ 220 lieues de longueur. Sur cette longue étendue, on ne trouve qu'une seule baie qui puisse abriter sûrement les navires; car on ne peut pas s'arrêter dans la baie d'Arguin, voisine du cap Blanc, et la rade de Saint-Louis ou de Guettn'dar n'est tout au plus qu'une rade foraine. Gorée seule offre une rade excellente et capable de contenir de grandes escadres. Du cap Blanc jusqu'au cap Vert, la côte ne présente à l'œil que d'immenses plaines sablonneuses, qui se perdent à l'horizon en s'élevant par degrés.

Au cap Vert l'aspect change et commence à devenir un peu plus varié ; c'est du sable couronné d'une ligne de verdure et de quelques palmiers ; à peu de distances du cap Naze, la végétation disparaît pour faire place à une aridité semblable à la côte de Saint-Louis.

3°

ÉTABLISSEMENTS FRANÇAIS.

Le premier point que la France ait occupé sur ces côtes, en remontant vers le Nord, est la petite île d'Arguin, distante de 20 lieues environ du cap Blanc (18° 57' long. O. et 20° 37' lat. N.). Découverte par les Normands, elle fut occupée en 1444 par les Portugais, qui y élevèrent un fort ; elle passa suc-

cessivement aux Hollandais, aux Anglais, et enfin revint à la
Hollande (1665), à qui M. du Casse, lieutenant-général des
armées navales, l'enleva le 28 septembre 1678. L'île nous fut
cédée par le traité de Nimègue, mais la Compagnie du Sénégal ne l'ayant pas occupée, les Hollandais, sous le nom de
Brandebourgeois, relevèrent le fort et recommencèrent à y
faire le commerce avec les Maures Trarzas (1685) ; le traité
d'Utrecht ne parla pas d'Arguin, et il fallut que la Compagnie envoya une escadre, commandée par M. Périer de Salvert, pour s'en emparer (7 mars 1717) ; on n'y laissa qu'une
faible garnison ; de sorte qu'en 1722 les Maures, soulevés
par l'ancien gouverneur hollandais, retiré au fort de Portendick, n'eurent pas de peine à faire capituler Arguin (11 janvier). M. de Salvert s'y rendit de nouveau, enleva l'île presque sans coup férir, et y laissa cette fois une compagnie de
marins en garnison (7 février 1723) ; on l'occupa jusqu'en
1758.

L'île d'Arguin est depuis long-temps inhabitée ; c'est dans
la baie qui porte son nom que s'est perdue la frégate la *Méduse*.
A 45 lieues plus bas, on arrive à Portendick, baie qui a été
cédée en toute propriété à la France, par traité passé le 6 mars
1723, avec Bovali, chef Trarzas. Du temps où l'on occupait
l'île d'Arguin, la Compagnie avait une redoute à Portendick.
En descendant encore la côte, et à la même distance que de
Portendick à Arguin, on aperçoit les blanches maisons de Saint-
Louis. L'île Saint-Louis, chef-lieu des établissements français
sur la côte occidentale d'Afrique (16° 0' 48" lat. N. et 18° 53'
6" long. O.), est située à 4 lieues environ de l'embouchure du
Sénégal, au sud de l'île de Thionk ; sa longueur, du N. au S.,
est de 2,300 ^{m}, et sa largeur, de l'E. à l'O., de 180 ^{m} environ ;

sa superficie de 43 hectares, et sa circonférence de 5,000 ᵐ ; elle est à peine élevée d'un mètre au-dessus du niveau de la mer et était très-exposée aux inondations ; mais des quais que M. Bouet a fait construire, sur un développement de 1,900 ᵐ, en rend l'excès facile et la défend contre l'invasion des eaux [1].

Du temps de Golberry, la ville était loin de présenter un aspect aussi agréable qu'aujourd'hui ; à cette époque il n'y avait ni caserne, ni hôtel du gouvernement, ni église. « Le fort, dit « cet officier dans son voyage, est aussi bizarre que mesquin : « il forme un carré dont les côtés du levant et du couchant « ont chacun 34 toises de longueur, et ceux du N. et du S. 35. « Des espèces de bastions renforcent les angles de ce carré ; « mais ils sont si mal construits que c'est à peine si on peut « y faire manœuvrer quelques pièces de campagne. D'ailleurs « il n'a pas de fossés, et l'on peut sans obstacle arriver au « pied de l'escarpe.[2]

[1] Saint-Louis est le chef-lieu de la colonie et la résidence du gouvernement. Un officier supérieur de la marine est gouverneur général ; Gorée est confiée à un commandant particulier, dépendant du gouverneur général : le service de l'administration comprend un sous-commissaire qui le dirige de concert avec un inspecteur colonial et quelques commis d'administration ; Saint-Louis est le siège d'une cour d'appel et d'un tribunal de première instance ; il y en a un second à Gorée ; des assises se tiennent dans ces deux villes ; le service du culte est desservi par un préfet, apostolique, assisté de deux curés et de deux vicaires. Un conseil privé consultatif, comprenant six membres et le gouverneur, a les attributions des conseils de préfecture de France, pour ce qui est du contentieux. Un conseil général de dix conseillers, à Saint-Louis, et un conseil de cinq membres à Gorée s'occupent des intérêts de la colonie. Chacune des deux villes est administrée par un maire payé ; il y a encore à Saint-Louis un trésorier et un agent de l'intérieur. Un délégué représente la colonie à Paris.

[2] Voyage au Sénégal de M. Golberry, aide de camp du chevalier de Boufflers.

Le gouverneur et la garnison logeaient dans le fort : la chapelle même y était renfermée. Depuis, il a été réparé et on y
a adossé l'hôtel du gouvernement, au-dessus duquel est le
feu fixe du port, sur une tour qui sert en même temps de tour
à signaux. Deux casernes, nouvellement bâties et descendant
parallèlement des grilles extérieures de l'hôtel jusqu'au bord
du fleuve, forment un assez beau champ de manœuvre, qu'on
nomme la place d'Orléans. On trouve encore deux autres casernes dans la ville, une église, de récente construction, un
bel hôpital et un palais de justice; l'arsenal et les magasins du
port sont placés devant le fort, en face du continent; la mos-
quée est sur la pointe du nord, qui est occupée par une promenade plantée par les soins de M. Bouet [1].

Sur l'île de Sor, qui est très-voisine de Saint-Louis, sont les
maisons de campagne et les jardins de la colonie; il y a aussi
deux villages nègres; cette île a 24 kilom. de circonférence.
L'île de Babaghé, la plus grande de celles formées par le fleuve
à son embouchure, a près d'une lieue du nord au sud, sur
220 m. de largeur; elle est basse et sablonneuse et n'est cul-
tivée que sur la pointe sud, où est un village : l'île de Safal est
presqu'aussi considérable que Babaghé; près d'elle est l'île de
Bocos, aujourd'hui au damel de Cayor, et sur laquelle les

[1] La population de Saint-Louis a beaucoup varié. En 1779, la ville ne
comptait que 3,018 habitants, dont 383 libres possesseurs de captifs,
777 libres, mais ne possédant pas de captifs. Il y avait alors 15 maisons en
briques. En 1784, la population monta à 3,400, à 6,000 en 1810, à 9,031
en 1832, à 12,101 au 31 décembre 1838, et était en 1846 de 12,100, dont
200 Européens, 5,300 Indigènes libres et 6,600 captifs. On sait que la population se divise au Sénégal en quatre classes : Blancs, Indigènes libres,
Engagés à temps ou Noirs qui se mettent au service pendant 14 ans et sont
affranchis après, et enfin Esclaves ou Captifs. La valeur d'un captif est
de 500 francs.

Dieppois établirent d'abord leur comptoir [1]. A la hauteur de la pointe nord est l'îlot aux Anglais, actuellement submergé et sur lequel jadis était une batterie ; à moitié chemin de Saint-Louis, à la barre, est l'îlot des Pilotes ; sur la pointe de Barbarie et très-près de la barre, M. Bouet a établi un village où habitent les pilotes.

La barre du Sénégal est une des plus mauvaises de la côte d'Afrique : sa profondeur varie selon les saisons, et chaque grand raz de marée en change le gisement. Les pilotes noirs eux-mêmes ne se risquent à la franchir qu'en en rectifiant chaque jour la position à l'aide de bouées. Les navires calant moins de 3 ^{m} d'eau peuvent seuls passer. En dedans du fleuve, la sonde accuse un fond moyen de 10 ^{m}, et la tranquillité des eaux en cet endroit contrastent singulièrement avec les lames blanches et mugissantes que l'on a été obligé de traverser.

Par un phénomène assez bizarre, lors de la crue des eaux, la profondeur de la barre diminue de telle sorte, que c'est à peine si les navires calant moins de 2 ^{m} 50 peuvent la franchir. En face de l'île Saint-Louis et sur une petite colline sablonneuse de la pointe de Barbarie est le gros village de Guett-n'dar, peuplé de 1,100 à 1,200 nègres du Cayor, qui se sont placés sous la protection particulière du gouvernement français. Ce village domine une baie foraine où mouillent les navires qui ne peuvent ou ne veulent pas entrer en rivière.

La défense de la colonie consiste dans le fort de Saint-Louis, en un fortin élevé à la barre et les batteries construites aux pointes nord et sud de l'île, sur la place d'Orléans, à

---

[1] Voyez Labat, *Relation des côtes occidentales d'Afrique*, tom. II, p. 145.

Guettn'dar, battant l'Océan, et aux pointes sud des îles de Sor
et de Babaghé.

En remontant le Sénégal, après avoir dépassé le marigot
du Four à Chaux, à trois ou quatre lieues de Saint-Louis, on
arrive au petit fort de Lam'sar, placé sur ce marigot et des-
tiné à protéger les cultures et des troupeaux des Sénégalais
établis dans les environs; on atteint ensuite, sur la rive gauche
du fleuve, l'ancien fort de Faff; à deux lieues plus loin est
celui de Richard-Toll, situé à 120 kilom. de Saint-Louis (15° 25'

La garnison du Sénégal et de ses dépendances est ainsi composée :

	officiers.	sous-officiers et soldats.	total.
État-major-général du génie et de l'artillerie;	11	—	11
Un escadron de spahis ;	8	102	110
Un bataillon d'infanterie de marine (5 comp.)	22	572	594
Une compagnie d'artillerie de marine ;	4	101	105
Un détachement d'ouvriers d'artillerie ;	1	30	31
Une compagnie de yoloffs ;	3	308	311
	49	1,113	1,162

De ces troupes, les yoloffs sont disséminés dans les forts : une compagnie d'infanterie et la moitié de celle d'artillerie sont à Gorée, le reste est en
garnison à Saint-Louis. Il y a encore la classe des laptots, noirs libres ou
captifs, employés au cabotage, et qui ont une organisation militaire ; on les
emploie dans les expéditions lointaines. En 1839 il y en avait 2,704 à
Saint-Louis et 266 à Gorée. Les milices se composent de deux bataillons, un
de cinq compagnies à Saint-Louis et un de trois à Gorée. Indépen-
damment de la garnison, le gouvernement entretient au Sénégal une marine
locale pour surveiller et protéger nos traitants en rivière et pour visiter de
temps en temps les comptoirs de la côte. Il y a en ce moment trois goëlettes
et trois bateaux à vapeur de 30 à 80 chevaux. En 1785, on avait institué un
bataillon d'Afrique fort de six compagnies et 600 hommes ; deux ans plus
tard, il fut réduit à quatre compagnies, et, en 1799, ne se composait plus
que de 30 hommes. Rétabli en 1817, il fut licencié en 1823 et remplacé par
un demi bataillon du 16ᵉ léger, puis enfin par un bataillon du 3ᵉ de marine. En 1839, la garnison n'était que de 580 hommes, les spahis ont été
envoyés au Sénégal en 1842.

30 lat. n.), et créé en 1821, pour servir de centre au système de colonisation [1] ; il possédait un jardin modèle, institué sur une très-grande échelle pour servir à naturaliser dans le pays les plantes d'Europe ; mais en 1840, à cause de la guerre que nous faisions aux Foules, on a cru devoir l'anéantir, craignant que le grand nombre d'arbres qui avoisinaient le fort ne servissent la nuit à cacher des ennemis disposés à tenter une surprise. Richard-Toll est une excellente position militaire, protégeant les escales des Maures qui en sont très-voisines, et commandant en même temps l'entrée du marigot de Tawei qui fait communiquer le fleuve avec le Panié-Foul ; sur les bords de ce lac on a élevé en 1843 le fort de Mérinaghen, près de Lambaye, résidence du brack du Walo. Le marigot de Tawei est navigable depuis le 1er juillet jusqu'au 1er mars ; pendant les quatre autres mois la route de terre est très-praticable. Le fort, situé sur un monticule boisé, est à 100 mètres du lac (16° 1' de lat. N.). Comme celui de Richard-Toll, il consiste en un parallélogramme dont chaque angle est garni d'un bastion ; les logements sont compris dans l'intérieur : ces forts sont armés d'une dixaine de canons, et gardés par une trentaine de soldats Yoloffs, avec un officier européen. Daganah est à peu de distance de Richard-Toll (16° 26' 31" lat. N.), sur les confins du Walo et du Fouta, car le village même est partagé en deux parties, l'une au brack et l'autre aux Foules. C'est à la fois un lieu de refuge pour les caboteurs que les riverains attaquent quelquefois, et une limite imposée aux Foules dont les vues ambitieuses demandent à être surveillées aussi exactement que celles des Trarzas.

---

[1] Ce nom vient de Richard, nom du fondateur de l'établissement et de Toll, mot yoloff signifiant jardin.

Podor, élevé en 1743 à l'extrémité Ouest de l'île à Morfil, se composait d'un carré flanqué de cinq bastions ; négligé par les Anglais en 1758, il fut réoccupé en 1786 par M. de Boufflers qui y entretint une compagnie d'infanterie, et fut définitivement abandonné en 1803. M. Bruë établit en 1697 et 1699 divers comptoirs commerciaux dans les villages de la rive gauche, entr'autre à Doungel et Hovalalda [1], situé selon Labat à 15 lieues plus haut que Doungel et qui n'existe plus ; à Ghiorel, à Laydé, à Bitel [2]; l'île de Sadel fut cédée à la France par le roi Sératick, à cause des services que M. Bruë lui avait rendus (1701); jusqu'en 1740 la Compagnie y entretint un comptoir. Saldé est la principale station des navires qui remontent le fleuve; les habitants sont très-bien disposés en notre faveur, le drapeau tricolore flotte même sur la maison du ministre chargé de représenter l'Almamy. Enfin on arrive à Bakel, après avoir passé devant l'îlot du Rocher que Labat place à quelque distance de Sadel et où il y avait en 1697 un comptoir qui fut pillé l'année suivante par les Maures et abandonné depuis [3]. Le fort de Bakel, voisin du marigot de N'Guérer, (14° 53 lat. et 14° 41 long.), est distant de 680 kilomètres environ de Saint-Louis en suivant le fleuve, et de 420 en ligne droite. Il est situé près du fleuve sur une colline qui domine le village et est dominé lui-même par une autre colline où est une batterie en ruines ; il consiste en un polygone, crénelé et bastionné, d'une superficie de 1/2 hectare environ ; le tonka de Tuabo a cédé en même temps un enclos de 40 mètres carrés attenant au côté Nord Nord-Est du fort. Il fut bâti en

[1]. Labat, tom. III, page 190.
[2]. Labat, tom. III, page 251.
[3]. Labat, tom. III, page 297.

1818 ; dix canons et un obusier de montagne forment son ar-
mement, sa garnison est de 60 soldats Yoloffs, commandés
un officier indigène. De 1818 à 1828 on envoya à Bakel des
soldats Européens, mais ils y subissaient des pertes si
effrayantes que le gouvernement s'est vu obligé de les remplacer par des noirs. Bakel est la résidence de l'agent du gouvernement pour le commerce de la Falémé : Le comptoir de
la Compagnie de Galam, est placé au Nord-Est ¼ Est du fort,
à 200 mètres environ et tout-à-fait sur les bords du fleuve ;
c'est un parallélogramme allongé et entouré d'une faible muraille percée d'embrasures et armée de quelques petits canons :
la Compagnie y entretient 25 laptots. Le village est situé au
pied d'une chaîne de collines qui l'entourent à l'ouest, en
formant un fer à cheval dont les extrémités viennent s'appuyer aux rives du fleuve. Il est vaste et populeux ; ses cases
sont d'une construction plus soignée qu'on n'en rencontre d'or-
dinaire dans les habitations des noirs. Il est composé de plusieurs groupes dont le plus considérable borde le Sénégal,
tandis que les autres remontent le long des collines, séparés
entre eux par des bouquets de bois. Les habitants sont bons
et affables ; la population réunie dans les jours de fête présente
un coup d'œil des plus bizarres ; les pantalons garances vendus
par nos soldats, viennent contraster singulièrement avec le
teint noir de ceux qui les portent : les élégants du pays
aiment aussi beaucoup la capote militaire, aux boutons de
cuivre et surtout les shakos que l'âge a fait jeter au rebut.
A environ vingt lieues de Bakel, près de Dramanet, sur la
rive droite du fleuve, sont les ruines du fort de Saint-Joseph,
le plus ancien des établissements de l'intérieur. On le construisit d'abord à Dramanet même, et l'année suivante les

grosses eaux l'emportèrent (1700) ; relevé à la hâte, on ne put pas le fortifier assez, et il fût bientôt enlevé par les nègres révoltés qui y mirent le feu, les commis purent avec peine se sauver dans un canot (1702, décembre). C'est alors que M. le directeur de Richebourg le fit construire définitivement à Tombaboukané ou Makané (1713). Abandonné de 1723 à 1741, M. le directeur général David vint l'inspecter lui-même, fit bâtir une maison à côté, et y laissa un directeur particulier [1]. Négligé par les Anglais, ce ne fut qu'en 1785 que la Compagnie y envoya le facteur Rubault, qui fut assassiné par ses esclaves ; depuis ce jour on ne s'est plus occupé de Saint-Joseph (juillet 1786) [2]. Mais en 1825 le gouvernement fit construire à très-peu de distance le fort Makanah ou Saint-Charles qui ne consistait qu'en de vastes magasins entourés, dans un large rayon d'une muraille crénelée ; attaqué bientôt par les Bakiris, on ne tarda pas à l'abandonner. La Compagnie de Galam l'occupa de 1838 à 1840. Entre Makanah et Médine, est l'île de Caignoux, où M. Brüe voulut élever le fort Saint-Joseph et qui est siége aujourd'hui d'un comptoir de la Compagnie de Galam ; Médine en posséda un de 1838 à 1841. Il y en eut un encore à Gowina (1827-1832), dernier point, comme je l'ai dit plus haut, où puissent arriver les embarcations qui sont parvenues à franchir le saut de Félou.

La France a possédé divers établissements sur la Falémé ; on trouve d'abord le fort Saint-Pierre, dont il est impossible de préciser la position ; Labat et Durand le placent

---

[1] M. de Labrues, qui succéda à M. David en 1745 et fut remplacé en Galam par M. Aussenac.

[2] Le fort Saint-Joseph consistait en un carré un peu plus long que large, flanqué de deux bastions et armé d'une trentaine de pièces d'artillerie.

à Kaïnoura, « ce qui est une erreur, dit M. Raffenel ; le fort
« Saint-Pierre était, d'après le dire de tous les habitants, au
« village de Kidira-Tata, et cette assertion mérite quelque
« confiance, quoique les traces matérielles de cet établis-
« sement ne se retrouvent pas [1]. » C'est en 1714 que M.
Bruë en ordonna la construction, mais il ne subsista pas
longtemps. Kidira est en ligne droite à environ 50 kilomètres
de Bakel, sur la rive gauche de la rivière. Sénoudebou, sur le
même bord, à peu de distance de Kidira et à 24 kilom. de
Boulébané, est un gros village où la Compagnie de Galam a
établi un comptoir depuis 1843, et où la France a droit, depuis
le traité passé par M. Huart, d'avoir un établissement. A cet
endroit la rive est très-escarpée ; sa base est constituée par
des roches qui forment un banc très-étendu ; son point cul-
minant est occupé par un tata ou fort magnifique. On dirait
une ville de guerre aux fortes murailles et aux bastions chargés de canons. Le mur d'enceinte, qui renferme 150 mètres
carrés, est une succession de lignes onduleuses interrompues
çà et là par des espèces de bastions carrés ou cylindriques et
dentelés sur le sommet. L'intérieur est un labyrinthe composé d'une foule de groupes de cases, entourés chacun d'un
mur. Cette merveille architecturale du Fouta a été, dit
M. Raffenel, élevée par l'Almamy du Bondou pour recevoir
les Français.

Dans le Bambouk, à 40 kilom. de Kidira-Tata, est le village
de Farabanna, sur le marigot de Senon-Kolé ; au siècle dernier
on y établit un fort, abandonné depuis long-temps [2]. Les

[1] *Voyage dans l'Afrique occidentale*, page 121.

[2] Durand porte ce fort ainsi que celui de Basse-Douay, sur ses cartes,
comme existants en 1788 et n'en fait aucune mention dans son récit.

membres de la commission d'exploration ne purent s'y rendre, mais ils furent rencontrés dans leur voyage par une députation de Mandingues de Farabanna qui vint, de la part des chefs, proposer de relever le fort dont il restait, assuraient-ils, des pans de murs de 2 à 3 mètres de hauteur et une quarantaine de canons [1]. Les comptoirs de Natacon et de Kelimani, créés vers 1740, et le petit fort de Basse-Douay, étaient dans les environs de Farabanna.

Sur la rive droite du Sénégal, la France n'a eu qu'un établissement fixe, et encore cet établissement subsista-t-il peu de temps ; en 1715 M. Bruë construisit à l'escale du Désert ou du Trarzas un petit camp fortifié, pour pouvoir surveiller de plus près les Maures. Il existe aujourd'hui sur cette rive trois escales, celle des Trarzas, celle des Bracknas et celle des Darmankours, toutes trois à peu de distance les unes des autres. De janvier à août, il y a à terre sur l'emplacement des escales un camp très-considérable, dans le fleuve une flotte de traitants, et quelques jours après la fermeture de l'escale, l'aspect en est aussi inanimé que s'il n'y avait jamais rien existé en cet endroit.

En revenant à Saint-Louis et en descendant la côte on arrive au cap Vert, distant de 30 lieues de cette ville ; ce cap a été cédé à la France par traités passés avec les chefs en 1763, 1765 et 1787, ainsi que les villages de Bin et de Daccar ; ce dernier est la résidence d'un chef, indépendant du damel de Cayor. L'île de Gorée, chef-lieu du second arrondissement de la colonie du Sénégal, (19° 40' 40" de long. Ouest., et 14° 39' 55" lat. nord) [2], n'est séparée du cap Vert que par un canal large

---

[1] *Voyage dans l'Afrique occidentale*, page 191.

[2] La colonie forme deux arrondissements, l'un de Saint-Louis, qui com-

de 2 kilom. ; ce n'est à proprement parler qu'un rocher de
880 mètres du Nord Nord-Ouest au Sud Sud-Est, sur 215 de
largeur, sa circonférence est de 2,250 mètres, et sa superficie
de 17 hectares. La partie du sud est formée d'une masse de
roches dont la base n'a pas moins de 600 mètres de circonférence, et semble composée de colonnes gigantesques entas-
sées les unes sur les autres ; la partie nord s'abaisse brusquement, et n'a, à son extrémité, d'autre relief qu'une ceinture
de brisants.

La baie dans laquelle est située Gorée, offre un mouillage
sûr, même pour une escadre ; pendant les mois d'août, de
septembre et d'octobre elle est seulement exposée à quelques
tornados ou bourrasques, mais alors les navires, en appuyant
vers le continent au nord, se mettent hors de périls. L'île
a au Nord-Est une petite baie, où depuis deux ans a été
établi un débarcadère, en remplacement d'une estacade en
bois qui offrait beaucoup de danger. Gorée est une jolie
ville, aux maisons propres et bâties à l'Italienne ; l'hôtel du
gouvernement, l'église, l'hôpital, sont de beaux et neufs bâtiments ; on a transformé l'ancien gouvernement en d'immenses
magasins pour la station des côtes occidentales d'Afrique ;
l'eau manque, mais on en trouve sur le continent et à peu
de distance. Le rocher du sud est couronné par une citadelle
formidable armée de cinquante canons ; elle renferme une
citerne. Le débarcadère en outre est défendu par une forte
batterie, d'autres encore entourent le pied de la montagne ; il

prend la côte depuis le cap Blanc jusqu'au cap Vert, et l'autre, de Gorée,
qui comprend la côte depuis le cap Vert jusqu'à Sierra-Léone. Gorée est
à 152 kilom. sud de Saint-Louis et à 140 kilom. de la Gambie.

y en a aussi une derrière le gouvernement, et une circulaire sur la pointe qui forme la petite baie. Jadis l'île de Gorée était défendue par deux forts, Saint-Michel sur la montagne, et Saint-François près du débarcadère [1].

L'île de Gorée fut occupée en 1617 par les Hollandais, les Anglais s'en rendirent maîtres en 1663 et en furent chassés l'année suivante par l'amiral Ruyter; quatorze ans plus tard le comte d'Estrée arriva devant Gorée avec huit vaisseaux (30 octobre 1677), et après avoir canonné pendant quelques heures, débarquant avec 200 hommes, il força le commandant à capituler; puis, n'ayant reçu aucune instruction pour conserver l'île, l'amiral fit sauter les fortifications et remit à la voile pour enlever Joal, Rufisque et Portudal, comptoirs hollandais, et de là reprendre la route des Antilles. Peu de temps après (15 novembre), M. du Casse vint prendre possession de l'île et y laissa garnison. Enlevée en 1751 par l'amiral Keppel, elle nous fut rendue par le traité de 1763 et administrée dès-lors par les commandants à la nomination du roi. Tranquille pendant toute la révolution, cette île ne tomba au pouvoir des Anglais qu'en 1800; reprise au mois de janvier de 1804, M. de Blanchot, gouverneur du Sénégal, n'y laissa qu'une vingtaine de soldats, et le 8 août suivant elle fut encore une fois occupée par les Anglais. Depuis la reprise de possession de 1817, Gorée n'attira que peu l'attention du gouvernement dont toutes les vues étaient tournées vers la colonisation du Sénégal; mais depuis l'accroissement donné à la station des côtes occidentales, cette ville, devenue le quartier-général de l'es-

---

[1] L'île de Gorée, peuplée de 4,000 hab. en 1788, descendit après à 2,500 : en 1839, elle avait 4,994 âmes, 223 maisons, 151 cases et 55 magasins; aujourd'hui elle a 70 Européens, 4,000 Indigènes libres et 1,300 captifs.

cadre, a acquis une importance qui tend chaque jour à s'augmenter davantage [1].

Rufisque, sur la côte, est à 3 lieues de Gorée, dans le royaume de Cayor; Portudal, dans le Baol, en est à 10 lieues, et Joal, dans le royaume de Sin, à 20 environ. Ces trois comptoirs, conquis par M. d'Estrées en 1677, nous furent cédés par le traité de Nimégue; M. du Casse, après avoir occupé Gorée (novembre), releva ces établissements et passa avec les rois de Sin, de Baol, etc.; un traité par lequel ils cédaient en toute propriété à la France les côtes comprises entre le cap Vert et la rivière de Salum, à quelque distance au-dessus de la Gambie, sur une profondeur de 6 lieues [2]. Le 20 février 1785 le roi de Salum céda encore l'île de Coyon ou Castiambe, située à l'embouchure de la rivière de Salum; elle a 6 kilomètres de longueur sur 300 mètres de largeur; le roi permit encore d'élever un fort à Kiawer. Les comptoirs de Rufisque et de Portudal, purement commerciaux, ne furent pas réoccupés lors de la reprise de possession en 1763; celui de Castiambe fut abandonné à la même époque avec celui de Joar, placé tout près de Cahone, capitale du royaume de Salum. Il n'y a que Joal où en 1788 on entretenait encore un facteur européen et

[1] Nous n'avons pu retrouver les noms des gouverneurs qui ont commandé à Gorée avant 1789; nous ne donnons donc que la liste de ceux qui s'y sont succédés depuis la reprise de possession :

Commandants : MM. Hubert, capitaine de frégate, 1817—1825.

Le baron Hugon, capitaine de frégate, 1825—1828.

Hesse, lieutenant de vaisseau, retraité, 1828—1832.

Malavois, lieutenant de vaisseau, retraité, 1834.

Dagorne, capitaine de corvette, 1836.

Petit, capitaine de corvette, 1846.

Gachot, capitaine de corvette, 1847.

[2] Traité du mois de décembre 1677, confirmé les 25 mars et 15 mai 1785.

un nègre pour acheter des vivres. Les habitants de ce village, issus originairement de ceux de Gorée, sont presque tous chrétiens.

Le fleuve de Gambie, qui, comme le Sénégal, appartenait autrefois à la France, passa successivement aux Portugais, puis aux Anglais (1686), et la possession leur en a été assurée par le traité de 1783. Ce fleuve, parallèle au Sénégal, dont la source est à peu de distance de la sienne, est accessible même pour les frégates, mais exige dans les pilotes une connaissance parfaite des bancs nombreux qui l'obstruent dans presque tous son cours et surtout à son embouchure. Sur la pointe sud qui termine la rive gauche du fleuve, est Sainte-Mary de Bathurts, ville peu considérable et dont les fortifications sont loin d'être formidables.

La France a eu en Gambie, des comptoirs à Gérèges, sur la rivière de Bintam ou Vintam ; à Bintam, capitale du royaume ou empire de Foigny (1698) ; on ne les conserva pas long-temps, et Albréda, fondé aussi en 1698, a seulement continué d'être occupé [1]. Forcée en 1715 par le roi de Barr d'évacuer Albréda, la Compagnie du Sénégal n'en reprit possession que quelques années après. Ce poste fut encore abandonné par les Anglais en 1758, et négligé après que Gorée nous eut été rendue ; M. de Repentigny qui, le premier, comprit combien il importait d'avoir en Gambie un point où flotta le pavillon français, fit rétablir le comptoir. Les Anglais, à force de vexations, le firent évacuer en 1789 ; objet de nouvelle contestation en 1817, Albréda fut cependant réoccupé ; à la suite de notes échangées entre les

[1] La possession d'Albréda a été reconnue à la France par traités passés avec les chefs les 31 mars 1785, 13 mai 1817 et 15 novembre 1827.

deux cabinets, il a été décidé que l'on ne gênerait plus le commerce du comptoir. Albréda se trouve à 5 lieues plus haut que Bathurts, sur la rive droite de la Gambie ; le mouillage y est très-bon et donne 10 mètres de fond ; nous y possédons un terrain de 600 mètres carrés avec un chemin de 12 mètres de largeur qui conduit au rivage ; le village se compose de la résidence, de ses magasins, de 5 ou 6 maisons Européennes, et de 120 à 150 cases de noirs Mandingues. Il n'y a aucun établissement militaire. Albréda, utile d'abord pour la politique, est devenu à présent avantageux pour le commerce à cause de la quantité d'arachides qu'on en retire [1]. En 1846 on en a exporté 250,000 tonneaux. C'est aujourd'hui surtout qu'Albréda montre son importance ; la station est ravitaillée par un grand nombre de bâtiments qui apportent de France, soit du charbon, soit des vivres ; sans les arachides, ils seraient obligés de retourner sur le lest.

A une trentaine de lieues marines plus bas que la Gambie, au-delà du cap Pélé, on arrive à l'embouchure de la Casamance, formant une grande baie qui se développe entre les terres basses de Dyogué courant au nord sur la rive droite et les terres basses de Guimbéring, courant à peu près au sud-ouest sur la rive gauche ; malheureusement elle est obstruée par deux grands bancs qui, n'y laissent que deux passages qui sans être dangereux, présentent cependant quelques difficultés. Le marigot aux Huitres forme au nord, avec la Casamance, l'île Dyogué ; un petit marigot sépare Carabanne de Dhimbéring [2].

[1] L'arachide est une sorte de pistache de terre dont on fait de l'huile ; cette plante (*arachida hypogenœa*) revient à Marseille à 37 ou 38 fr. les 100 kilog.

[1] Les iles Dyogué ont été achetées en 1827, Carabanne, le 22 janvier 1836,

Toutes ces terres ont été acquises à la France en 1836 et 1837.
Depuis on a acheté les deux rives de la Casamance comprises
entre l'embouchure et le fort de Sedhiou, environ 120 kilom. de
longueur. Le mât de pavillon de prise de possession est planté
à 3 milles au-dessus de la pointe nord de Guimbéring, dans l'intérieur du fleuve. L'île Dyogué, à l'est, et la pointe sud de l'île
Carabanne sont occupées par des habitations françaises. Le
fort de Sedhiou consiste en une enceinte étoilée de 50 ^m de
front, bastionnée aux angles et crénelée au pourtour ; sa garnison est d'une cinquantaine de soldat ; c'est aussi la résidence
de l'agent du gouvernement pour le commerce de la Casamance. Etabli en 1838, ce fort ne s'est vu attaqué qu'une
seule fois par 3 ou 4,000 noirs insurgés ; des secours envoyés à temps n'eurent pas de peine à dissiper ces ennemis
nombreux, mais peu redoutables (mars 1842).

Jusqu'à Zinquinchor, fort portugais situé à moitié chemin
de Sedhiou à la mer, la rivière a environ 2 à 3 milles de lar-
geur ; au-delà elle se resserre jusqu'à 1|2 mille, et 4 ou 5
lieues plus haut, elle atteint 3 milles. Son chenal a toujours
5 à 6 ^m de profondeur, mais est très-sinueux.

En reprenant la côte et après avoir dépassé le Rio San Do-
mingo, à environ 60 lieues de la Casamance, on arrive à une
sorte de golfe formé par le Rio Geba, le Rio Bobole, le Rio
Grande, etc., et en face duquel est l'archipel des Bissagos, occupé par les Normands, puis par les Portugais. M. Bruë, recon-
naissant l'utilité d'un comptoir en ces parages, forma le projet
de relever l'établissement dont il restait encore quelques débris.

la pointe Dhimbéring le 1er avril suivant, et le territoire de Sedhiou le 24
mars 1837.

C'est dans ce but qu'il se rendit à l'île de Bissao. Les Portugais y avaient un fort ; mais M. Bruë séduisit le roi de l'île par ses dons et obtint de lui le droit d'établir un comptoir dont l'aspect était tout commercial, mais qui, grâce à quelques retranchements cachés par des haies et des arbres, pouvait offrir une certaine résistance. Depuis 1758 il n'a pas été réoccupé. Sur le Rio Grande, les habitants de Gorée ont formé un comptoir pour la traite du mil. A 20 kilom. de son embouchure, le Rio Grande se divise en deux branches, l'une dite Rio Grande et l'autre Rio Bobole ; c'est sur cette dernière qu'est la factorerie française.

Le Rio Nunez, à quelques lieues au-dessous du Rio Grande, possède sur ses bords cinq ou six factoreries, françaises, anglaises et américaines qui s'y partagent un commerce de 4,000,000 de francs environ ; les principaux articles qu'on y traite sont le café, l'or, les cuirs verts, le riz et l'ivoire ; en échange on donne de la poudre, des armes, de la cotonnade et surtout beaucoup du sel.

On dépasse ensuite les îles de Loss avant d'arriver à la rivière Mellacorie, explorée par M. Laffon de Ladebat, commandant de la canonnière-brick la *Mésange,* en avril 1845 ; cette rivière fournit d'excellents bois de charpente qu'on expédie en Angleterre, mais elle n'a que 80 kilom. de navigable ; c'est au village de Malagnia que doivent s'arrêter les navires. M. de Saint-Just, négociant de Gorée, y a fondé récemment un comptoir pour la traite du bois et des arachides. M. de Ladebat y passa le 17 avril 1845 un traité avec le roi Moré-Laaye, en présence de tous les chefs. « Cette convention, dit « cet officier dans son rapport, assurera, je pense, à nos trai-« tants une protection suffisante, surtout si nos croiseurs

« paraissent de temps en temps en rivière. Nous y possé-
« dons déjà une factorerie qui se trouve dans une position
« assez heureuse; trois navires français, sans compter les
« caboteurs de Gorée, y ont chargé cette année. Un pareil
« commencement peut faire augurer favorablement de l'ave-
« nir [1]. »

Enfin, à peu de distance est la rivière de Sierra-Leone, limite de la Sénégambie au sud, et dont les bords sont aujour-
d'hui occupés par la colonie anglaise de Fréetown, mais qui
au siècle dernier appartenait à la France.

En 1783, le ministre de la marine, le maréchal de Castries
donna ordre de fonder un établissement militaire sur la rivière
de Sierra-Léone; l'île de Gambia, située à l'embouchure de la
rivière de Bunk qui se jette dans la Sierra-Léone fut choisie,
et M. de la Jaille, commandant de la frégate l'*Emeraude,* fut
envoyé pour former l'établissement (1785). Le 14 janvier cet
officier conclut avec les chefs un traité par lequel ils cédaient
l'île en toute propriété à la France, et les travaux commencèrent
aussitôt; on construisit une batterie de six canons avec un large
fossé et les logements pour quinze hommes de garnison (16 janvier-26 février). Mal conçu, mesquinement
organisé, cet établissement dura peu, et les derniers colons
le quittèrent en avril 1793. En 1789, M. de Villeneuve-Cillard,
commandant de la frégate la *Néréide,* acheta du roi de Banam
un large terrain situé sur le cap Tagrin et doué de bons mouil-
lages.

C'est là que se terminent les possessions de la France dans
la Sénégambie : comme on le voit, de nombreux terrains nous

[1] Voyez *Revue coloniale* du mois de décembre 1845.

appartiennent et un bien petit nombre seulement sont occupés aujourd'hui [1]. De toutes nos colonies cependant le Sénégal est celle qui mérite le plus les soins du gouvernement et peut-être aussi est-ce elle qui promet le plus d'avenir. Dans les Antilles, en effet, les esclaves sont quelquefois un sujet d'obstacles, de périls même, tandis qu'à Saint-Louis, qu'ils soient isolés, où qu'ils demeurent groupés autour du maître, les captifs ont toujours montré pour lui un attachement sincère, en quelque sorte religieux; jamais ils n'ont eu à se plaindre d'une chaîne, qu'en réalité ils ne sentent pas, et les 6,000 esclaves de cette ville, loin de pouvoir devenir un sujet d'inquiétude, sont au contraire la plus sûre garantie de sécurité publique; car dès que la colonie a été menacée ils se sont armés et se sont

[1] D'après les derniers tableaux de population des colonies françaises publiés en 1847 au ministère de la marine, la population du Sénégal était ainsi composée :

| | Par Religion. | | Par sexes. | | |
	Chrétiens.	Mahomet.	Masculin.	Feminin.	Totaux.
Habitants Européens	235	—	138	97	235
Habitants Indigènes	1,795	5,735	3,198	4,323	7,521
Engagés à temps	3	798	595	206	801
Captifs	956	9,240	4,308	5,888	10,196
Totaux :	2,989	15,773	8,239	10,514	18,753

Dans ce nombre ne sont compris ni les fonctionnaires et employés avec leurs familles au nombre de 105 personnes, ni la garnison. Cette population était ainsi repartie dans nos établissements :

	Européens	Indig. lib.	Eng. à temps	Captifs	Total.
Saint-Louis	160	5,400	445	5,681	11,686
Guettn'dar	»	900	»	348	1,248
Gorée.	70	1,023	100	4,100	5,293
Forts de la côte et de l'intérieur.	5	298	256	67	526
Totaux :	235	7,621	801	10,196	18,753

Dans ce tableau ne sont pas comptés les 2 ou 300 Européens habitant Albréda, la Caramance, le Rio Grande, le Rio Mellacorie, etc.

montrés toujours, les plus zélés défenseurs de maîtres que d'autres esclaves se hâteraient de massacrer. Au Sénégal, il y a encore de vastes régions vierges à exploiter, il y a ces mines du Bambouk dont un jour peut-être on saura tirer partie ; mais il faut une administration sage et prévoyante, il faut faire d'abord des essais d'amélioration, il faut ne pas agir comme sous la Restauration ; on a tout exposé à la fois et tout a été perdu : espérons donc que le gouvernement continuera de protéger sa colonie, que, quoiqu'il arrive, il saura défendre un point si utile pour notre marine et notre commerce, et qu'un jour, enfin, le Sénégal deviendra le plus précieux et le plus riche de nos établissements d'outremer.

4°

COMMERCE DE LA COLONIE. — GOMMES.

Avant de terminer cette notice, il nous reste encore à considérer le commerce de la colonie, et par conséquent la question des gommes qui en forment la branche la plus importante [1].

Les deux espèces d'acacias qui produisent la gomme rouge

[1] La commission instituée en 1842 pour surveiller le commerce de la gomme, se composait de MM. Gautier, pair, président ; Gréterin, directeur général des douanes ; Magnier de Maisonneuve, directeur du commerce extérieur ; Galos, directeur des colonies ; Mérilhou, Fournier, Betting de Lancastel, Conenin, députés des chambres de commerce de Bordeaux, Marseille, Nantes et le Hâvre ; et Mestro, sous-directeur des colonies, secrétaire. — Le rapport de M. le président a été inséré dans les *Annales maritimes* (5 novembre 1842) et les procès-verbaux de la commission forment un volume in-4° — Imprimerie royale. — C'est de ces deux ouvrages que nous avons extrait notre notice sur la gomme.

et la gomme blanche se montrent depuis le cap Blanc jusqu'à
Rufisque, et sont propagés au nord du Sénégal, entre Galam
et l'escale du Désert; les rives du fleuve, les grandes îles
qu'il forme sont couvertes de magnifiques gommiers, dont la
récolte, malheureusement négligée, produirait près de
250,000 kilog. de gomme. Le pays Yoloff en contient aussi
quelques belles forêts également inexploitées.

Avant 1789, on tirait annuellement du Sénégal de 6 à
700,000 kilog. de gommes; un moment ce total monta à
1,500,000., puis descendit à 200,000. En 1823, l'ensemble
des importations en étoffes de guinées et des exportations en
gomme s'éleva à 5,000,000 fr.; en 1828, on en exporta
1,759,317 kilog; en 1838, 4,465,857. L'année 1839 vit les
affaires descendre de 17,000,000 de fr., à 13,600,000, puis à
11,800,000 en 1840. Comme nous l'avons dit, ce commerce
se fait dans certaines escales et par l'intermédiaire des traitants, entrepreneurs agissant en général pour leur compte, et
qui, achetant avant l'ouverture de la traite une certaine quantité de pièces de guinées, s'engagent à les rembourser en
livrant de la gomme pour la même valeur. Ces mandataires,
tous indigènes de Saint-Louis, ont toujours montré la plus
grande loyauté envers les Européens; mais une ardente ja-
lousie, ce sentiment de vanité si commun chez les nègres, les
pousse quelquefois à compromettre leurs intérêts, soit en exa-
gérant leurs relations avec les Maures près des Blancs, soit
en fraudant les Maures; de là sont nées ces rivalités absurdes
qui ont forcé le gouvernement à prendre une mesure spéciale
pour relever le commerce des gommes menacé. Une commission fut nommée (1842). Trois régimes se présentaient à la
commission : le régime d'*association,* qui, adopté avec l'ap-

probation du gouvernement, excluait les commerçants qui ne se livraient pas ordinairement à la traite ; le régime de *libre concurrence*, qui se comprend sans que nous ayons besoin de l'expliquer, et le régime du *compromis*, par lequel les traitants, pour remédier aux excès de la concurrence, auraient fixé entre eux le prix de la pièce de guinée et se seraient engagés à ne pas en faire varier le taux. Ces régimes avaient déjà été tous trois appliqués et tous trois avaient produit les plus fâcheux résultats.

En 1838, on avait rétabli la libre concurrence ; 240,000 pièces de guinée furent importées et 4,400,000 kil. de gomme exportés ; la ruine des traitants recommença alors : l'abondance des guinées amena une si grande avidité dans les échanges, que les traitants livrèrent aux escales pour 15 kilog. de gommes les pièces de guinées payées à Saint-Louis jusqu'à 21 kilog. Les traitants demandèrent aussitôt le système du compromis, qui fut rétabli en 1839, et le prix de la pièce de guinée fut fixé à 30 kilog. de gommes ; on importa 138,000 pièces et on exporta 3,664,000 kilogrammes. Ce système, mal soutenu par la mauvaise foi des traitants, n'eut aucun succès, et l'année 1840 vit revenir encore la libre concurrence. L'encombrement, déjà énorme à Saint-Louis, fut encore augmenté par l'arrivage subit de 109,000 pièces de guinées expédiées des ports français, où l'affluence des produits de l'Inde avait fait tomber la guinée à 11 francs la pièce ; négociants et marchands voulurent alors de la gomme à tout prix, et on en acheta 3,000,000 kilog. Le ministre de la marine, sur la demande pressante du gouverneur de la colonie, déclara la traite libre avec de nouveaux réglements et une police très-sévère (1841). La petite traite fournit alors 200,000 kilog. dans les

5

trois escales ; la guinée, montée jusqu'à 28 kil., descendit
bientôt à 15 ; le compromis fut réclamé à grands cris ; mais la
nouvelle convention, bientôt violée, fit place, en dépit de l'administration, à la libre concurrence. Les mauvaises affaires
n'en continuèrent pas moins, et, en décembre 1841, les malheureux traitants se trouvaient débiteurs de 2,250,000 fr. aux
négociants de la colonie. Ne trouvant aucun moyen de se li-
bérer et ne pouvant plus trouver de crédit, ils furent forcés de
demeurer tranquilles, et le commerce des gommes se trouva
arrêté de fait. La position était difficile : non-seulement il
fallait y trouver une solution, mais encore une solution ra-
pide ; car le temps pressait et la population indigène, exas-
pérée, menaçait d'émigrer. M. Pageot des Noutières, chef du
service administratif, adressa au ministre un plan d'association, et une ordonnance royale du 9 janvier 1842, en l'approuvant, « investit le gouverneur du Sénégal du pouvoir
« de prendre des mesures pour encourager les opérations
« du commerce et pour favoriser ses progrès, et de régler la
« mode, les conditions et la durée des opérations commer-
« ciales avec les peuples de l'intérieur de l'Afrique. » Le projet
d'association, discuté par le conseil général de la colonie,
puis examiné soigneusement par le conseil d'administration,
devint enfin la base de l'arrêté du gouverneur, qui provoqua
la formation de la commission (1er mars 1842).

Le 16 avril fut créée, à Saint-Louis, une société spéciale
dont le privilége était strictement restreint à la traite de la
gomme aux escales ; il était sévèrement interdit à chacun des
membres de l'association de prendre part aux échanges des
autres produits de la colonie, sous peine de la confiscation des
marchandises et d'une amende triple de la valeur. Le com-

merce de Galam seul restait libre. La nouvelle société était
établie pour cinq ans ; tout négociant de la colonie pouvait y
prendre des actions ; l'action était déclarée inaliénable et insai-
sissable pour toute la durée de l'association , hors les cas de
faillite ou de décès ; tout créancier pouvait souscrire une action au nom de son débiteur. L'assemblée générale nommait
un conseil d'administration composé de 5 traitants indigènes ,
de 5 négociants européens et d'un marchand. Le gouverneur
choisissait le directeur et le commissaire du roi , et assistait
aux séances avec voix délibérative. Cette société, unanimement
adoptée dans la colonie , fut fort improuvée en France et dé-
noncée comme portant atteinte à la liberté du commerce ;
bientôt la commission chargée de surveiller l'association dut
l'accabler de reproches, malheureusement trop mérités. Ainsi,
la traite du fleuve , au lieu d'employer 150 navires et 150 traitants , n'occupait que 56 navires en 1842 ; en outre , elle n'é-
changea que 40,000 pièces de guinée contre 1,000,000 kilog.
de gommes. Enfin, l'opposition des chambres de commerce
de France devint si pressante , qu'il fallut renoncer à l'association , du moins à son privilége ; le Hâvre demandait le ré-
tablissement de la libre concurrence ; Bordeaux et Marseille
le compromis ; Nantes seule soutenait l'association. Puisant
alors dans les trois systèmes , la commission proposa de soumettre la traite des gommes du Sénégal à un réglement dont
le principe fut la liberté des échanges , mais avec plusieurs
restrictions destinées à réparer et à prévenir les désordres. La
base de ce nouveau système , consacré par ordonnance royale
du 15 novembre 1842 , est l'organisation des traitants du Sénégal en une corporation où ils ne sont admis qu'à de certaines
conditions , et le privilége exclusif réservé aux traitants ins-

crits sur la liste, de servir d'intermédiaires dans les échanges avec les Maures. Ce système est organisé de telle sorte, que par un prélèvement de 5 % sur les affaires, les traitants inscrits, mais qui ne trouvent pas à s'employer en rivière, ont cependant un certain bénéfice. Le gouverneur conservait encore le droit de rétablir le compromis en cas de pressante nécessité. Grâce à ce mode de commerce, le nombre des traitants est monté de 53 à 88 (1843 à 1844) ; en 1843, le nombre des traitants expéditionnaires surpassait celui des traitants commissionnaires ; en 1844, il en a été tout le contraire.

Pour la gomme, les années 1838, 1839 et 1840 avaient été des années exceptionnelles, et l'on devait s'attendre à voir les récoltes des années suivantes moins considérables. En 1843, on ne traita que 510,732 kilog. ; en 1844, les affaires doublèrent, on traita 1,028,312 kilog. ; cette même année on échangea 164,283 pièces de guinées à 15 fr. environ chacune, et pour 1,801,500 fr. de marchandises diverses. La gomme, vendue à Saint-Louis, produisit 6,653,720 fr. ; le bénéfice de la campagne a donc été de 2,300,000 fr. ; en 1845, on eut 3,457,209 kilog. [1] ; en 1846, 2,217,931 kilog. De si heureux résultats sont de nature à donner les plus belles espérances.

Le mouvement des ports de la colonie, autrefois sans importance, a acquis une certaine activité depuis l'extension donnée à la station des côtes occidentales d'Afrique. De 1827 à

---

[1] Voici le détail de la traite des gommes en 1845 :

Escale des Bracknas.	53 traitants	1,302,787 kil.	500 gr.
Escale des Trarzas.	56 —	1,307,671 —	500 —
Escale des Darmankours.	12 —	546,750 —	000 —
Traite du Galam.	— —	500,000 —	000 —
Total	121 traitants	3,457,209 —	000 —

1837, il y a eu une moyenne de 39 bâtiments, formant un tonnage total de 4,659 tonneaux, venant de France au Sénégal, et de 27 navires avec 3,067 tonneaux, allant du Sénégal en France. En 1845, il est arrivé dans la colonie, soit de la métropole, soit de l'étranger, 425 bâtiments donnant 35,022 tonneaux, avec un chargement d'une valeur de 11,939,000 fr.; il en est sorti 417 bâtiments, avec 28,560 tonneaux, et avec un chargement valant 10,603,000 fr.

En 1837, la marine marchande de la colonie se composait de 79 navires pour le grand cabotage, et 405 pour le petit, à Saint-Louis, et 266 à Gorée ; en outre, il y avait 2,220 embarcations sur le fleuve ; presque tous ces bâtiments sortaient des chantiers de Saint-Louis et de Gorée.

II.

COTES DE GUINÉE.

_____

1°

Tandis que la France était occupée dans des guerres meurtrières contre les Anglais, sous le règne de Charles V, les Dieppois, tout occupés de leur commerce, envoyèrent deux navires aux Canaries (1364). Ils mouillèrent, dit Villaut de Bellefond [1], vers Noël, au cap Vert, vis-à-vis du Rio-Fresco, dans une baie qui, lors de son voyage, portait encore le nom de baie de France. Les noirs, étonnés à la vue d'hommes blancs, accoururent de tous les côtés pour voir un tel prodige, mais montrèrent dans le commencement beaucoup de répulsion pour monter à bord des bâtiments : peu à peu leur timidité disparut, et ils finirent par échanger de l'ambre gris, de l'ivoire, des cuirs contre les marchandises européennes qu'on leur apportait. De là, les Dieppois se rendirent à Boulombel ou Sierra-Léone, puis

_____

[1] Villaut de Bellefond, normand, visita en détail les côtes de la Sénégambie et de la Guinée en 1667, et publia au retour la relation de son voyage; ce fut lui, le premier, qui donna des renseignements complets sur les navigations normandes. (Voyez *Relation de la côte d'Afrique* de Villaut, sieur de Bellefond.)

à Moulé, et s'arrêtèrent à l'embouchure d'une petite rivière voisine du Rio-Sestos, près d'un village auquel ils donnèrent le nom de Petit-Dieppe, à cause de sa ressemblance avec cette ville ; ils y achetèrent du poivre, appelé malaguette, et revinrent enfin à Dieppe au mois de mai 1365 [1].

Les négociants de Rouen ayant eu connaissance des découvertes des Dieppois et ayant réfléchi sur les bénéfices que l'on pourrait tirer du commerce avec les Nègres, formèrent une association avec ces marins et expédièrent à la côte de Guinée quatre navires (1365). Deux devaient s'arrêter au Petit-Dieppe, les deux autres devaient pousser plus loin. Les capitaines ne se conformèrent pas à ces ordres ; un des bâtiments fit son chargement au Grand-Sestre, qu'il nomma Petit-Paris, et revint en France aussitôt après ; deux autres suivirent cet exemple, de sorte que le quatrième seul dépassa la Côte-des-Dents et reconnut une partie de la côte d'Or, dont les habitants parurent très-féroces. A cette époque, les Normands avaient des comptoirs ou loges au cap Vert, à Sierra-Leone, au cap Moule, au Petit-Dieppe et au Grand-Sestre ou Petit-Paris [2]. Au mois de septembre 1380, la Compagnie Rouennaise envoya à la côte d'Or le vaisseau de 150 tonneaux, la *Notre-Dame-de-Bon-Voyage*, qui revint neuf mois après avec un riche chargement de poudre d'or. Le 28 septembre 1381 partirent de Dieppe les navires la *Vierge*, le *Saint-Nicolas* et l'*Espérance*. Le premier s'arrêta à la Mine, le second à Mouré,

---

[1] En parlant du Sénégal nous avons donné des preuves positives de l'antériorité des découvertes des Normands, nous ne reviendrons donc plus sur ce sujet.

[2] On appelait alors *loge* ce que nous nommons aujourd'hui *comptoir*.

après avoir fait une première station au cap Corse, et l'*Espérance* atteignit Akara après avoir traité à Fantin, à Sabou et à Cormentin ; dix mois plus tard, ces bâtiments rentrèrent en France. En 1383, il se fit une nouvelle expédition composée de deux grands bâtiments et d'un petit ; ils étaient chargés des matériaux nécessaires pour la construction d'un fort sur un lieu quelconque ; la Mine fut choisie et ce comptoir atteignit rapidement assez d'importance pour qu'on crut devoir y bâtir une chapelle en 1388. Villaut assure l'avoir vue. Malheureusement les guerres civiles qui, vers ces époques, ravageaient la France, ruinèrent presque à sa naissance un commerce qui semblait promettre beaucoup. Au lieu de trois ou quatre navires qui partaient tous les ans de Dieppe, il n'y en eut bientôt qu'un d'expédié tous les deux ans. Dans les premières années du quinzième siècle, ce commerce était même entièrement anéanti. C'est alors que les Portugais se mirent à fréquenter ces parages et qu'ils s'établirent à l'île de Saint-Thomas ; en 1433, ils occupèrent la Mine que les Dieppois avaient abandonnée. Les Français avaient gagné l'amitié des indigènes en les traitant avec douceur et en ne leur prenant rien sans le payer, tandis que les Portugais voulurent agir envers eux comme envers des peuples conquis, et les forcer à se soumettre à des impôts réguliers ; les nègres du fort d'Akara ne souffrirent pas de telles vexations, massacrèrent les Portugais et rasèrent les fortifications (1476).

C'est sur ces entrefaites que les Normands recommencèrent leurs navigations ; en 1492, des bâtiments français qui se trouvaient à la Mine, malgré les traités existants, capturèrent une caravelle portugaise. Le gouvernement de Lisbonne, en apprenant cette violation du droit des gens, fit saisir aussitôt dix navires français alors dans le Tage et ne les rendit qu'après la restitution de la caravelle ordonnée par Louis XII [1]. Quelque temps après, sous le règne de Henri III, le commerce de la Guinée reprit quelqu'essor, et les Dieppois recommencèrent à trafiquer le long de ces côtes, principalement à Akara, où ils ne tardèrent pas à élever un fort, ainsi qu'à Cormentin et à Takoray (1576). Les Portugais, irrités de voir nos marins leur disputer le monopole du commerce, leur firent une guerre à mort; en 1586 ils coulèrent à fond le bâtiment l'*Espérance* devant Akara; en 1591, ils en brûlèrent un autre devant Cap-Corse. Le fil de l'histoire des établissements français en Guinée, après ces événements, se perd et on ne le retrouve que vers l'époque où Colbert institua la Compagnie royale du Sénégal (1664). Cette association avait le droit de traiter sur les côtes comprises entre les caps Vert et de Bonne-Espérance; en 1669, elle envoya M. d'Elbée, commissaire-général de la marine, avec mission de choisir dans le golfe de Guinée un point favorable à l'établissement d'un comptoir et au trafic des esclaves : il l'établit dans le royaume d'Ardra, près de Whydah, à la grande contrariété des Hollandais qui depuis long-temps étaient les seuls commerçants du pays. De plus, le roi d'Ardra envoya à Paris un ambassadeur que la cour reçut avec beaucoup de magnificence (novembre 1670); mais l'ambassade n'eut aucun résultat, le siége du comptoir d'Ardra ayant été transporté à Whydah. La compagnie du Sénégal s'étant lancée dans de folles spéculations, elle ne tarda pas à déposer son bilan, et en janvier 1685, le gouvernement se vit obligé de réduire le privilége de cette société aux côtes comprises entre le cap Vert

---

[1] Resende. — *Chronique de dom Juan* II, chap. 146 (en Portugais).

et la rivière de Sierra-Leone ; le surplus fut accordé à une autre association nommée Compagnie de Guinée ; mal organisée, cette dernière ne put durer long-temps et fut bientôt remplacée par celle d'Assiente (1702), qui tomba en 1719. Ce fut ensuite la Compagnie des Indes qui en obtint le privilége et le conserva jusqu'à la révolution ; ses établissements étaient à Amakou et à Whydah, résidence du lieutenant du directeur-général.

Le ministère de la marine sentit bien qu'il ne suffisait pas de laisser une compagnie toute puissante dans ces parages lointains, mais qu'il fallait aussi la surveiller et y envoyer de temps en temps quelque navire de guerre ; en 1724, le chevalier des Marchais, avec une frégate, explora les principaux points de la côte ; en 1776, le chevalier de Borda en commença l'hydrographie ; bientôt les expéditions devinrent plus fréquentes ; c'était utile, car autrement, voyant les Français établis en deux ou trois endroits seulement, et les Anglais ou les Hollandais possédant de nombreux forts, les nègres eussent considéré la France comme la dernière des nations. En 1779, le marquis de Vaudreuil, après avoir enlevé le Sénégal, détruisit quelques comptoirs anglais sur la côte d'Or, et fit voile vers l'Amérique. Ces côtes furent ensuite visitées en 1784 par le marquis de la Jaille, commandant la frégate la *Bayonnaise* et l'*Eméraude*, en 1785 ; par M. de Girardin, sur l'*Expériment* ; par M. de Flotte, sur la *Junon* ; par M. Denys Bonaventure, sur la *Flore* ; par M. de Villeneuve de Cillard, sur la *Néréide* ; et par M. de Grimouard, sur la *Félicité*, en 1790. Sous la république et l'empire, à l'exception de l'expédition du capitaine Poirée et de quelques corsaires, la Guinée ne vit aucun de nos bâtiments. Sous la

restauration, la traite des nègres attira l'attention : l'Angleterre employait déjà plusieurs navires pour, sinon réprimer ce
trafic, du moins le diminuer. Le gouvernement français envoya
sur les côtes de Guinée une frégate, deux corvettes et quelques
bâtiments légers (1822). Dès 1817, M. le baron Roussin, alors
capitaine de vaisseau, avec la corvette la *Bayadère* et le brick
aviso le *Lévrier*, commandé par M. le Goarini, enseigne de
vaisseau, avait fait l'hydrographie des côtes depuis le cap Blanc
jusqu'au cap Mirik : l'année suivante il la continua jusqu'aux
îles de Loss. La station chargée de réprimer la traite, fut successivement augmentée : en 1838 elle se composait d'une dou-
zaine de bâtiments. Le commandant en chef, M. de Péronne,
capitaine de vaisseau, visita, avec la corvette la *Triomphante*,
la côte de Guinée et principalement notre ancien fort de
Whydah, dont il retrouva les archives intactes dans une ar-
moire de fer. M. Montagnies de la Roque prit le commande-
ment de la station en 1839 et le conserva jusqu'en 1841. Deux
occasions lui permirent de contraindre les nègres à reconnaître
l'autorité du pavillon français. S'étant rendu avec le brick le
Nisus et la goëlette la *Malouine*, capitaine M. le comte Bouet
Willaumez, dans la rivière de Bonny, où en 1837 les indigènes
avaient pillé le navire naufragé de Marseille, le *Baobab*, M. de la
Roque força le chef ou roi Pepel de payer une forte indemnité
(janvier 1839). Au commencement de 1840, il se rendit dans
le fleuve de Gabon où deux célèbres pirates, Manuel et Cringer
avaient attaqué et pillé plusieurs bâtiments du commerce français. M. le capitaine Bouet Willaumez, avec la *Malouine*, fut
chargé de l'expédition qui aboutit à la prise de Manuel et des
principaux partisans ; ils payèrent une somme assez considérable en poudre d'or et furent rendus à la liberté (10 février),

M. le capitaine de corvette Baudin succéda en 1841 à M. de la Roque, appelé au gouvernement du Sénégal. En octobre 1843, les naturels du grand cap Lahou pillèrent la *Félicie*, de Marseille, qui avait été jetée à la côte, mais ne firent aucun mal à l'équipage ; M. Baudin se hâta d'envoyer sur les lieux la canonnière-brick l'*Eglantine*, commandée par M. le lieutenant de vaisseau Jance (30 novembre). Le roi du village, Pierre, refusa d'abord tout arrangement ; mais quand il eut vu quelques boulets venir sillonner le rivage, il céda et promit de payer 134 onces d'or pour indemnité. Cette promesse n'ayant pas été tenue, M. Jance revint au cap Lahou le 8 mars suivant et n'obtint de paiement qu'après avoir incendié un grand nombre de cocotiers et plus de 200 cases ; plusieurs Noirs furent tués ; de notre côté il n'y eut qu'un blessé. Au mois de septembre, M. Laffon de Ladebat, commandant de la *Mésange*, eut à infliger un pareil châtiment aux habitants des cap Rouge et Nase, qui avaient pillé le *Courrier du Sénégal*, de Marseille. Depuis ce jour, les Noirs n'ont plus guère osé s'attaquer aux navires de notre commerce.

Cependant la traite des nègres continuait malgré l'active surveillance des Français et des Anglais, et les résultats que l'on obtenait étaient loin de valoir les dépenses causées par l'entretien des escadres. Les deux gouvernements résolurent alors d'agir en commun, en renouvelant, mais sur une plus grande échelle, les conventions du 30 novembre 1831 et du 22 mars 1833. A cet effet, une commission présidée par M. le duc de Broglie, se rendit au commencement de l'année 1845 à Londres, pour s'entendre avec le gouvernement anglais, et, après quelques temps de pourparlers, on publia une convention définitive (29 mai 1845). Par cette convention, il fut arrêté que les deux gouvernements entretiendraient chacun une escadre de 26 bâtiments au moins, chargées de surveiller les côtes comprises entre le cap Vert et le 16°,30 de latitude sud. Les chambres des deux pays applaudirent à ces mesures énergiques et votèrent tous les crédits nécessaires. Les stations furent établies dans le délai fixé de trois mois. Les nombreuses captures de négriers qui ont été faites depuis cette époque sont de nature à faire espérer de prompts et heureux résultats pour la répression de la traite des nègres.

2°

ÉTABLISSEMENTS FRANÇAIS [1].

Les Normands, comme nous l'avons déjà mentionné plusieurs fois dans le cours de cet ouvrage, s'étaient établi en plusieurs endroits du golfe de Guinée ; au cap de Monté, point situé à peu de distance de Sierra-Leone, dès 1365 ; au *Petit-Dieppe*, nommé aujourd'hui *Bassa-des-Pécheurs* et distant d'une vingtaine de milles de Monté. Près de là sont divers autres

[1] Nous ne voulons pas ici donner une description des côtes de Guinée, mais décrire les points que nous occupons ou que nous avons occupé. Que l'on sache seulement, que la côte comprise entre les îles de Loss et le cap Monte est appelée *côte de Sierra-Leone* ; celle comprise entre le cap Monte et le cap des Palmes, près de Grand-Bassam, *côte des Graines* ; celle comprise entre le cap des Palmes et le cap des Trois-Pointes, *côte d'Ivoire* ; celle comprise entre le cap des Trois-Pointes et le cap Saint-Paul, *côte d'Or* ; celle comprise entre le cap Saint-Paul et le cap Formose, *côte de Benin* ; celle comprise entre le cap Formose et Cameroons, *côte de Calebar* ; enfin, celle comprise entre Cameroons et l'équateur, *côte du Gabon.* L'étendue totale de ces côtes est, suivant M. le comte Bouet, de 620 lieues.

villages nommés également grands et petits Bassas : « Tous
« ces Bassas, grands et petits, dit M. le comte Bouet Willau-
« mez, ont été autrefois des établissements normands, comme
« l'indiquent d'ailleurs les appellations données par ces har-
« dis navigateurs et qui subsistent encore sur toute la côte.
« Aussi les vieux souvenirs de la France m'ont rendu facile
« l'acquisition des terres, de la rivière et de l'anse des Pé-
« cheurs, acquisition que j'ai faite en 1842 à cause de la faci-
« lité des communications et en vue d'un dépôt quelconque de
« combustible ou de ravitaillement sur ce point[1]. » Tout près
de là est Grand-Dieppe, à l'embouchure du Rio de Grand-
Cestos ou Grands-Butteaux ; ce point fait partie des terres
achetées en 1842 par M. Bouet ; on y voit une butte assez élevée sur laquelle était sans doute l'établissement des Normands.
Entre Monté et Petit-Dieppe est le Rio-Mesurade, près du cap
de ce nom et dans lequel était une île achetée en 1724 par le
chevalier du Marchais au nom de la compagnie du Sénégal. A
une vingtaine de milles au-dessous de Grands-Butteaux, on
trouve très-près les uns des autres, les villages de Petit-Sestre
ou Petit-Paris et de Grand-Sestre ou Grand-Paris ; puis on arrive à Garroway, point jouissant d'un arrivage excellent et
dont la rivière est très-accessible ; les embarcations peuvent y
aborder en dedans comme en dehors : ce territoire a été
acheté en 1843 par M. le comte Bouet. A environ dix milles
du cap des Palmes est la rivière et le village de Saint-André,
qui peut offrir beaucoup de ressources mais dont les habitants
sont fourbes et méchants ; cette rivière a été vendue à la
France par traité passé entre les chefs et M. de Flotte, capi-

[1] Description nautique des côtes de l'Afrique occidentale, par M. le comte
Ed. Bouet Willaumez, 1846. Imprimerie royale, page 88.

taine de la frégate la *Junon,* en janvier 1787 ; à la même époque, cet officier acquit encore une portion du cap Lahou. C'est une quarantaine de milles plus bas et au-delà du cap des Palmes que se trouve le village de Grand-Bassam où nous avons un fort. Quatorze milles au-dessous est le fort d'Assinie. La côte d'Or commence un peu plus bas au cap des Trois-Pointes, occupé jadis par les Prussiens ; ils abandonnèrent leur fort en 1719 ; le roi des indigènes l'offrit aussitôt à la Compagnie du Sénégal et le fit en attendant garder par quelques nègres armés ; les Hollandais vinrent en vain avec trois navires l'attaquer ; mais les Français n'y ayant pas envoyé de garnison, les Hollandais revinrent en force et s'en rendirent maîtres (1725). Il est depuis long-temps abandonné [1].

Plus loin, on trouve encore quelques ruines de l'ancien fort de Takoray ou Takorady, construit sous Henri III ; puis le fort Saint-Georges-d'El-Mina, fondé en 1383 par les Normands, abandonné par eux vers 1414, occupé en 1484 par les Portugais et possédé aujourd'hui par la Hollande. C'est dans ce fort que Dapper, hollandais qui le visita en 1665, assure avoir vu dans une batterie dite *Batterie-des-Français,* une pierre où l'on pouvait encore distinguer deux chiffres formant le nombre *treize,* et avoir vu aussi les armes de France *à peine effacées* sur les murs de la chapelle et sur la porte du fort [2]. Corman-

---

[1] On verra plus bas des détails sur l'établissement de nos comptoirs de la côte de Guinée.

[2] M. de Santarem, dans l'ouvrage qu'il a publié pour donner aux Portugais la priorité de la découverte des côtes occidentales d'Afrique, réfute ces deux faits, en disant qu'il était impossible qu'en 1565 on ait pu indiquer avec deux chiffres le nombre treize, parce qu'à cette époque les chiffres romains étaient seuls en usage, les chiffres arabes n'étant employé que de-

tin, fondé en 1377 par les marins dieppois, est à peu de distance de cap Coast; en 1574 les Portugais y étaient établis; les Nègres les en chassèrent et y appelèrent les Français qui y restèrent cinq ou six ans. Deux ou trois milles plus bas sont les restes du fort d'Amokou ; en 1788, cet établissement consistait en une case en toile au-dessus de laquelle flottait le drapeau français et qui servait de caserne; une autre couverte en chaume servait de magasin et de logement au commandant ; il y avait 2 canons et 2 pierriers ; la garnison se composait de 15 soldats du bataillon d'Afrique [1]. Akara fut occupé en 1377 par les Normands ; les Portugais leur succédèrent, et comme à Cormantin, en furent chassés par les Nègres qui nous y rétablirent (1574). Au cap Saint-Paul commence la côte de Benin, sur le golfe de ce nom ; la traite des nègres s'y fait encore aujourd'hui en grand, sous la direction d'un riche Portugais, M. de Sousa, établi près de notre fort de Whydah, et qui est craint et révéré dans le pays à l'égal d'un roi. Primitivement établi à Ardra, en 1669, le comptoir français fut transféré à Chavier, à 7 milles d'Ardra et où on éleva un fort ; puis enfin à Gregoué ou Whydah, distant de 4 milles de Chavier; dans ce dernier lieu on voit encore les anciens fossés. Quatre nations ont le droit de faire le commerce à Whydah : la France, l'Angleterre, le Portugal et la Hollande ; cette dernière seule n'eut jamais le droit d'y avoir un poste militaire. La France avait le

puis 1574. Or, bien avant, les marins usaient des tables alfonsines, où l'on a employé la numération arabe, et j'ai vu bien des monnaies antérieures à 1560 qui portaient leurs dates en chiffres arabes. Quant aux armoiries, M. de Santarem dit que Dapper, peu instruit de l'art héraldique, aura sans doute pris pour les armes de France, l'écu de Portugal, orné de la croix fleuronnée d'avis. Peut-on, quelqu'ignorant que l'on soit, confondre un écusson armorié avec une croix fleuronnée?

[1] *Voyage* de la Barthe.

pas sur tous les autres peuples ; son établissement consistait en un fort et un comptoir, dans la ville de Gregoué ou Xavier : c'était, selon la description du chevalier des Marchais, un fort beau et vaste bâtiment. Le fort, situé à portée de canon des forts anglais et portugais, était un carré long, flanqué à chaque angle d'une tour tronquée et armée de 8 à 10 canons ; le pied des tours et les murs de clôture étaient seuls construits en briques : un large fossé les entourait. L'intérieur renfermait de vastes magasins, quelques maisons, une chapelle et un jardin ; la garnison se composait d'une quinzaine de soldats blancs et de 40 à 50 Bambarras esclaves. Cet établissement fut abandonné lors de la Révolution ; les Nègres l'entretinrent cependant, comme le dit dans un rapport M. Bouet, qui visita Whydah pour la première fois en 1838 : « Les trois forts au-
« trefois occupés, dit-il, par les Français, les Anglais et les
« Portugais, existent encore, bien que dans un état de vétusté
« qui atteste leur long abandon. Chacun est entouré de son
« village. Le fort français occupe le centre : c'était le plus con-
« sidérable ; il est ceint d'un fossé profond (autrefois avec
« pont-levi) construit en briques, de forme carrée, flanqué de
« quatre bastions, dont deux armés de 12 canons et les deux
« autres de dix seulement. Au milieu est la chapelle, sur-
« montée encore d'un beffroi avec sa cloche. Les logements
« extérieurs existent et sont, tant bien que mal, entretenus par
« les habitants de village qui se plaisent toujours à appeler
« leur village *village français,* et à prendre eux-mêmes le titre
« de Français. Les habitants étaient presque tous esclaves ;
« ils reçurent leur liberté lors de l'abandon du fort au com-
« mencement de la Révolution, et paraissent encore recon-
« naissants de ce bienfait par leur attachement pour les Fran-

« çais, dont la langue est parlée par un grand nombre d'entre
« eux. Un mulâtre et un noir, l'un jardinier, l'autre con-
« cierge, restèrent chargés de la garde du fort et des archi-
« ves ; ils se sont religieusement acquittés de ce soin et ar-
« borent encore avec orgueil le pavillon tricolore sur les
« restes de notre établissement. » Enfin, en 1841, le ministre
de la marine autorisa la maison Regis frères, de Marseille, à
faire occuper les débris du fort de Whydah par leurs agents et
à en tirer, à leurs frais, le parti qui leur paraîtrait nécessaire
pour la formation d'un établissement de commerce d'huile de
palme très-abondante en ces parages. M. Brue, agent de la
maison, opéra cette quasi-reprise de possession le 15 mars
1843.

A deux milles de Whydah est le village de Porto-Novo, qui,
d'après les documents trouvés dans les archives du fort, en
était une dépendance.

En descendant la côte et à une assez grande distance de
Whydah, on arrive à la rivière de Benin qui est toute pleine
de souvenirs français. En 1782, la *Charmante-Louise,* de
Saint-Malo, capitaine Landolphe, fut obligée d'hiverner dans
la rivière de Formose. Le roi d'Owhère reçut le capitaine avec
beaucoup de bonté et lui fournit les moyens de retourner en
France. Landolphe excita l'envie des négociants malouins par
la peinture qu'il fit des avantages que l'on pourrait retirer du
commerce de la contrée où il avait passé l'hiver. Une riche
maison de Saint-Malo, la maison Brillantais-Marion, demanda
et obtint du roi un privilége. Il fut donc arrêté que sous la
protection spéciale du gouvernement, la maison Brillantais-
Marion, qui prit le nom de Compagnie-d'Owhère, ferait pour
le Benin une expédition propre à former un établissement per-

mànent sur la terre dont le prince Boudakan, fils du roi et que Landolphe avait amené en France, promettait la cession [1]. Le 17 juin 1786 partirent de Rochefort une flûte, le *Pérou,* et deux corvettes, sous les ordres du capitaine Landolphe; le 19 novemvembre l'escadre mouilla devant l'île de Borodo dont le roi lui fit aussitôt la concession par écrit. Cette île a 60 à 70 milles de circonférence. Landolphe en prit solennellement possession et mit dans les fondations du fort bâti près d'Ouboby, une plaque de cuivre où l'acte de donation était gravé, ainsi que la date de la construction et le nom de Louis XVI. Le comptoir s'accrut rapidement, des bâtiments propres et spacieux s'élevaient; un beau fort à quatre bastions et armé de 32 canons donnait toute sécurité. Bientôt le roi de Benin, jaloux du roi d'Owhère, demanda et obtint l'établissement d'un comptoir semblable dans sa capitale. Tout allait ainsi avec une rare prospérité quand la guerre éclata avec l'Angleterre. Retiré au fond du golfe de Benin, Landolphe ignorait ce qui se passait en Europe, et sans le prévenir des hostilités, les Anglais l'attaquèrent lâchement dans la nuit du 30 avril au 1ᵉʳ mai 1792. Les capitaines Gordon, Loter et Cokeron débarquèrent sans bruit avec 200 matelots; ils parvinrent au pied du fort et firent une décharge à bout portant sur les Français; Landolphe, échappé à la première, fut atteint par une seconde et laissé pour mort. En un instant tout fut pillé ; les Anglais firent ensuite sauter la poudrière qui contenait dix milliers de poudre, et achevèrent ainsi leur œuvre de destruction. Landolphe, recueilli par Boudakan, conserva la vie grâce aux soins que les noirs lui prodiguèrent. C'est une chose pénible que de voir

[1] Arrêt du conseil d'État du 27 mai 1786.

des occasions où les européens sont plus cruels que des nègres !

Le dernier établissement français de l'Afrique occidentale
est dans la rivière de Gabon, située sous l'Equateur ; il est le
chef-lieu de nos comptoirs de la côte de Guinée. C'est ici le
moment de parler de la création de ces comptoirs et des causes
qui en ont motivé la formation.

Le 3 novembre 1838, la canonnière-brick la *Malouine*, atta-
chée à la station des côtes occidentales d'Afrique et commandée par M. le comte Ed. Bouet, partit de Gorée pour effec-
tuer sur le littoral compris entre les îles de Loss et le cap
Lopez, une exploration destinée à donner à notre gouvernement et à notre commerce des connaissances exactes sur ces
contrées. Après une navigation de plus de six mois employée
à visiter village par village, environ 3,200 kilom. de côtes,
M. Ed. Bouet rédigea un rapport où il résumait toutes les indications qu'il avait pu recueillir sur le commerce et le caractère des noirs, où il indiquait les divers points du golfe con-
sidérés comme les foyers les plus actifs de la traite, et où enfin
il proposait d'établir quelques comptoirs fortifiés, destinés non
plus comme autrefois, à servir d'entrepôts à la traite, mais au
contraire à la détruire en y substituant un commerce légitime.
Les chambres de commerce de France se saisirent de ces divers projets, ce qui ne pouvait manquer d'apporter beaucoup
de retard à la suite que le gouvernement pourrait donner à
cette affaire, quand on apprit tout à coup que l'Angleterre se
préparait à coloniser le Niger et à augmenter ses comptoirs sur
la côte de Guinée, alors M. le baron Duperré, ministre de la
marine, adressa au roi un rapport pour le prier d'autoriser
l'établissement des forts proposés à Garroway, à Assinie et au

Gabon, et concluait ainsi : « Les considérations que je viens
« de soumettre à votre majesté ne sont pas complètes ; la
« France a une mission de civilisation et d'humanité à remplir
« sur la côte d'Afrique. Elle doit concourir autrement que par
« les moyens répressifs dont elle dispose, à l'extraction de la
« traite des nègres. Elle peut tarir la source de cet odieux trafic
« en agissant directement sur les populations ignorantes où
« ces monstrueuses coutumes règnent encore. Elle atteindra ce
« but en les initiant à des principes de morale et d'humanité par
« ses idées et l'exemple de ses mœurs. » (29 décembre 1842.)
Les chambres législatives adoptèrent avec empressement ces
propositions, et des ordres furent transmis immédiatement à
Toulon et à Brest pour tout préparer.

La première expédition fut dirigée sur le Gabon, qui, selon
l'expression de M. Bouet, est moins une rivière qu'un magnifique estuaire accessible aux plus grands bâtiments et capable
d'abriter des flottes considérables. M. Bouet, à diverses époques, y fit des acquisitions sur les deux rives, et enfin en 1844
consomma, par un traité général et librement consenti, l'acquisition de la souveraineté au roi des Français sur tout le
pays et les deux rives [1]. L'expédition pour la prise de possession partit de Gorée le 16 mai 1843 ; elle se composait du brick
le *Zèbre,* commandé par M. de Monléon, capitaine de corvette ;
de l'*Eglantine,* commandant Jance, et du trois-mâts le *Dili-*
gent, capitaine Cousin. Le convoi arriva au Gabon le 18 juin,
et au commencement d'août l'établissement était entièrement
terminé.

L'expédition d'Assinie ou Issinie avait été un peu moins

[1] Description nautique, page 181. — *Revue coloniale,* octobre 1843,
page 133.

heureuse ; composée de l'*Indienne,* capitaine Rataillot, lieutenant de vaisseau, du cutter l'*Alsacienne,* capitaine Darricau,
également lieutenant de vaisseau, et de trois navires du commerce chargés du matériel, elle partit de Gorée les 4 et 5 juin
et mouilla le 2 juillet à Issinie, où l'attendait la *Malouine,*
commandant Fleuriot de Langle. Ce dernier officier fut chargé
de conclure avec Amatifoux, roi d'Assinie et d'Atacla, un
traité qui fut aisément obtenu et qui cédait à la France la
souveraineté des rives et territoires soumis à l'autorité de ce
chef. On s'occupa ensuite de choisir un lieu convenable pour
la construction du fort, et on s'arrêta à un point situé sur la
langue de terre dite des Trois-Cocotiers, entre la mer et la rivière et en face du coude que cette rivière fait en remontant
dans le pays [1]. L'établissement ainsi placé sur la gorge de la
presqu'île, commande le fleuve, la mer et la barre elle-même.
Cette barre seulement est d'un accès très-difficile devant le
comptoir, mais la position militaire était si avantageuse qu'on
la préféra même à un point plus commode pour le débarquement. Les travaux commencèrent le 5 juillet, sous la direction
de M. Darrieau ; la mer qui brisait avec force, rendit le débarquement long et difficile ; il couta même la vie à deux matelots. Le 16, les canons furent mis en batterie, et le 22 le

[1] Ce n'était qu'une reprise de possession, les PP. Labat et Loyer, dans
leurs relations, nous apprennent en effet qu'en 1700 le chevalier Damon
avec le vaisseau du roi le *Poly* et deux bâtiments de la Compagnie, se
rendit à Assinie où il reconduisit le prince indigène Louis Aricaba dont
Louis XIV avait été le parrain, et à qui il avait donné un brevet de capitaine
de cavalerie. Le fort fut alors élevé au lieu même où est le comptoir actuel,
car en creusant les fondations on y a découvert des briques de fabrique
française ; les Hollandais l'attaquèrent plusieurs fois, mais inutilement ;
au bout de quelques années il fut abandonné par la Compagnie.

blockaus fut inauguré par M. de Montlouis, enseigne de vaisseau et commandant du poste. Immédiatement après l'achève-
ment des travaux, M. de Langle sonda la rivière et trouva
jusqu'au fort un chenal de 4 à 7 mètres de profondeur. L'établissement d'un comptoir à Garroway a été différé, et en attendant, on en a fondé un à Grand-Bassam, situé à 24 kilom.
seulement d'Assinie. La souveraineté du fleuve et des terres
avoisinantes nous avait été cédée par un traité du 19 février
1842, souscrit au nom du roi Piters et des chefs Guachi et
Waka. La barre du fleuve donne des passes avec quatre mètres
de profondeur, et en dedans la sonde présente un fonds de dix
à douze mètres. Le 16 août 1843 l'expédition, composée de la
canonnière-brick l'*Alouette,* capitaine Ph. de Kerallet, lieutenant de vaisseau, de la goëlette la *Fine,* commandant Maquet,
et de trois navires du commerce, débarqua; elle avait appa-
reillé le 23 juillet de Gorée : le débarquement fut difficile;
quatre matelots se noyèrent. L'inauguration se fit le 28 septembre avec beaucoup de solennité [1].

Tels sont nos comptoirs sur la côte de Guinée; Grand-
Bassam reçut le nom de fort *Nemours;* Assinie, de fort *Joinville;* Gabon, de fort d'*Aumale.* Ils ont été tous trois construits
sur le même modèle; chacun consiste en un carré palissadé et
bastionné, dans lequel s'élève à chaque coin un baracon et au
milieu le blockaus; les quatre bastions sont armés chacun

---

[1] M. de Montlouis, enseigne, était commandant d'Assinie, M. Besson à
Grand-Bassam, et Guilleman, capitaine d'infanterie de marine, au Gabon.
M. Conjard a succédé à M. Guilleman en 1846, M. Ligeon, sous-lieutenant,
à M. Besson, et M. de Thévenard, sous-lieutenant d'infanterie, à M. de Montlouis : ce jeune officier vient de périr dans une embuscade préparée par le
roi Amatifoux, qui a essayé aussi, mais inutilement, de détruire le comptoir
(mars 1848).

d'une pièce de 30 ; à côté du blockaus est le mât de pavillon.
La garnison, primitivement composée de 5 artilleurs, de 10
soldats blancs, 1 sergent, 5 matelots et 4 laptots, fut bientôt
modifiée ; les fièvres obligèrent de ne laisser que 3 sous-offi-
ciers blancs et de remplacer les autres militaires blancs par
des soldats yoloffs.

La rivière de Grand-Bassam offre, comme nous l'avons dit,
un chenal de 200 mètres de largeur sur 6 à 7 de profondeur,
navigable en tout temps ; à peu de distance de l'embouchure où est situé le fort, est le village de Grand-Bassam, peuplé de 4 à 5,000 âmes et résidence du roi. Le reste du pays
est couvert de forêts et divisé en petites républiques indépen-
dantes. M. Conjard, commandant du comptoir, visita les pays
en 1845, et partout il reçut des députations des villages voi-
sins qui l'assuraient de la soumission et de l'amitié des chefs ;
les principaux villages sont Akaville, point excellent pour les
guérisons des malades, Grand-Bassam, Petit-Bassam. Le commerce consiste dans l'huile de palme, la poudre d'or qui se
vend à l'*acquet* ou 1/2 gros valant de 5 à 7 fr. 50 c., et un peu d'i-
voire. On calcule que l'on peut exporter annuellement pour
1,000,000 de francs en or. La barre d'Assinie est bonne depuis le 1er septembre jusqu'au 15 mai ; les navires y peuvent
entrer sans difficulté. Le fleuve, aussi large que le Sénégal, paraît navigable pendant 300 kilom. ; parvenu à l'endroit où
il semble devoir se jetter dans la mer, il fait un coude très-
brusque au sud pour longer la côte, laissant entre lui et la mer
une langue de terre très-étroite sur laquelle est le fort Joinville.
En remontant la rivière on parvient à Adingra et à Coumas-
sie, les deux villes les plus importantes de l'intérieur. Cou-
massie est la capitale de l'empire des Achantis. L'étendue du

royaume gouverné par Amatifoux et qui est placé sous notre autorité, est de 160 kilom du nord au sud et de 80 à 100 de l'est à l'ouest. Mais plusieurs petits États dépendants de ce royaume lui donnent une plus grande importance : la superficie totale est de 3,200 kilom. carrés. La capitale Kinjabo, sur la rive gauche du fleuve, et à 48 kilom. de son embouchure, possède 10 à 12,000 habitants. Plus de 60 villages éparpillés sur les rivages de la rivière fournissent en abondance de l'or et de l'ivoire. Les habitants en sont doux, affables, mais paresseux au plus haut degré [1].

Au commencement de 1839, Gabon n'était qu'un foyer de la traite où aucune nation n'avait encore songé à s'établir malgré les avantages attachés à sa position centrale, comme point de ravitaillement et la facilité de trafiquer avec l'intérieur. A cette époque M. Ed. Bouet, chargé de remettre la croix de la Légion-d'Honneur au roi Denis, pour le récompenser de la bonté avec laquelle il traitait les naufragés, se fit accorder par un traité passé avec lui, le droit d'établir un comptoir sur la rive gauche du Gabon ; mais frappé de la mortalité qui régnait de ce côté, M. Bouet passa de nouveau un traité avec les princes Louis et Quaben, de la rive droite, pour pouvoir également s'y établir (1842) : c'est alors que fut élevé le fort d'Aumale. En avril 1844 fut passé un traité général qui assura alors la souveraineté de la France sur toutes les terres et îles baignées par le Gabon et ses affluents. Enfin, en 1845, les Chambres approuvant le projet du ministère qui voulait non plus faire du Gabon un simple comptoir, mais bien un point central

[1] Nous extrayons ces notes d'un rapport adressé par M. le lieutenant de vaisseau Pigeard, au contre-amiral commandant en chef de l'escadre, le 7 septembre 1846. — *Revue coloniale* de mars 1847.

d'approvisionnement et de réparations pour la subdivision du sud de notre escadre, votèrent les fonds pour y créer un établissement plus considérable. Le nouveau comptoir est à 1/2 mille du fort, près de la rive et consiste en un carré présentant 300 mètres sur chaque face ; à l'intérieur sont les magasins, les casernes, le pavillon des officiers, la poudrière, les ateliers ; à l'extérieur la chapelle, les magasins de rechange, les forges, les jardins. On compte compléter le système de défense du fleuve en élevant une batterie sur le cap Joinville, à l'embouchure même du fleuve et une autre sur le Mont-Bouet, à 5 ou 6 milles du fort et dominant à la fois le fleuve et les villages de Kringet, de Quaben, de Louis, etc. Près de la chapelle est la mission catholique [1] ; six milles plus bas est le village de Glass avec la mission américaine, dont les membres, dans les commencements, cherchèrent à susciter beaucoup d'ennuis aux officiers français. Dès la fin de 1844 le missionnaire Wilson excita contre nous le roi de Glass, l'engageant à substituer le drapeau anglais ou américain au drapeau français ; mais la présence de la canonnière-brick l'*Alsacienne*, commandant Fournier, qui tenait alors la station, coupa court à ces premières tentatives. Elles se renouvelèrent en août 1845, et cette fois plus gravement. Le roi de Glass et ses chefs s'obstinaient à ne plus vouloir reconnaître le traité passé l'année précédente ; M. Guyot de la Hardroyère, capitaine de la *Tactique* et successeur de M. Fournier dans la station, ne voulut plus employer de demi-mesures ; de concert avec M. Brisset, lieutenant d'infanterie et commandant du comptoir, M. Guyot marcha sur Glass, suivi d'une centaine de matelots et de deux obusiers ; on

---

[1] Chacun des comptoirs possède trois prêtres et trois frères, chargés de travailler à la conversion des indigènes,

ne rencontra aucun des habitants; bon nombre de cases furent brûlées et de pirogues coulées (15 août). La paix ne tarda pas à se faire, et le roi instruit par cette leçon est loin d'avoir envie d'en supporter une seconde. Quelques jours après une corvette américaine parut en rivière sans arborer nos couleurs. La *Tactique* appareilla de suite, se rangea sous la poupe de la corvette, et M. Guyot menaça le commandant américain de le couler s'il n'arborait à l'instant le pavillon français; il obéit et quitta le lendemain le Gabon, laissant les missionnaires dans le plus grand embarras. Ils se retirèrent alors à Batanges, sur le golfe de Biafra. Depuis ce jour rien n'est venu troubler la tranquillité de la colonie.

Débouché d'un pays vaste et assez populeux, le Gabon offre au commerce tout ce que l'on peut demander à l'Afrique : l'ivoire le plus beau peut-être de la côte, l'or, le coton, le bois de construction. On n'y est exposé à aucune de ces fièvres qui désolent les comptoirs européens de la Côte-des-Grains et de la Côte-d'Or : l'air y est pur; le pays offre une magnifique végétation; le caractère des Gabonais est doux, intelligent, susceptible même d'une certaine civilisation que nos missionnaires ont déjà pu développer avec assez de succès. Les nations voisines semblent plus sauvages; elles ne sont pas encore parfaitement connues, mais toutes professent en général beaucoup de haine pour les Anglais et d'amitié pour les Français.

L'embouchure du Gabon est à 978 kilom. du fort de Whydah, en ligne directe; en cet endroit le fleuve a 11 kilom. de largeur et est d'un abord aisé; on peut le remonter à une assez grande distance. Ce pays n'a pas encore été suffisamment exploré pour que nous entreprenions d'en donner une description; les rives du fleuve ne sont connues qu'à 150 kil.

environ du fort : de nombreux villages les couvrent ; le plus considérable est celui du roi Denis, le King's-Georges-Town, des Anglais, sur la rive gauche et très-près de la mer. Notre colonie, depuis l'extension qui lui a été donnée, tend à s'augmenter chaque jour et à devenir pour les forces navales de la France dans la Guinée méridionale, un centre de ravitaillement aussi complet que celui de Gorée pour la croisière de la Guinée septentrionale.

Les deux comptoirs de Grand-Bassam et d'Assinie pourront prendre quelque développement, mais n'atteindront jamais l'importance qu'acquerra avant peu, nous en sommes convaincus, celui du Gabon : c'est une terre neuve et fertile. Espérons donc que le gouvernement en saura profiter, ce qui lui sera facile d'ailleurs, en persévérant dans la route où il s'est déjà engagé [1].

[1] La station des côtes occidentales d'Afrique doit être formée de 26 bâtiments ; elle se compose en ce moment de 6 bateaux à vapeur, de 3 corvettes à voile, de 11 bricks-avisos, de 4 goëlettes, et de deux corvettes de charge, servant d'hôpitaux, l'une à Gabon, l'autre à Gorée ; le nombre des bouches à feu de l'escadre est d'environ 500, et les équipages de 2,200 hommes. Les garnisons des postes sont fournies par la compagnie des Yoloffs du Sénégal. Le personnel de Grand-Baham et Assinie comprend 7 blancs et 40 nègres ; celui du Gabon 80 individus dont 20 blancs. Les commandants sont nommés par le gouverneur-général de Saint-Louis. Le Gabon seul a deux commis chargés de la comptabilité. Quand l'établissement sera complétement organisé, il doit y avoir une administration spéciale, comme à Gorée, pour le ravitaillement des navires.

FIN.

www.ingramcontent.com/pod-product-compliance
Lightning Source LLC
Chambersburg PA
CBHW060640100426
42744CB00008B/1703